房地产估价理论与方法探究

刘西文 ◎ 著

吉林出版集团股份有限公司

版权所有　侵权必究

图书在版编目（CIP）数据

房地产估价理论与方法探究 / 刘西文著. -- 长春：吉林出版集团股份有限公司，2024.6. -- ISBN 978-7-5731-5172-8

Ⅰ．F293.35

中国国家版本馆CIP数据核字第202400279S号

房地产估价理论与方法探究
FANGDICHAN GUJIA LILUN YU FANGFA TANJIU

著　　者	刘西文
出版策划	崔文辉
责任编辑	王　媛
封面设计	文　一
出　　版	吉林出版集团股份有限公司
	（长春市福祉大路5788号，邮政编码：130118）
发　　行	吉林出版集团译文图书经营有限公司
	（http：//shop34896900.taobao.com）
电　　话	总编办：0431-81629909　营销部：0431-81629880/81629900
印　　刷	吉林省六一文化传媒有限责任公司
开　　本	710mm×1000mm　1/16
字　　数	220千字
印　　张	14
版　　次	2024年6月第1版
印　　次	2024年6月第1次印刷
书　　号	ISBN 978-7-5731-5172-8
定　　价	85.00元

如发现印装质量问题，影响阅读，请与印刷厂联系调换。电话 18686657256

前 言

房地产估价是房地产市场发展的必然产物，也是房地产市场走向成熟的重要标志之一，在房地产的开发、经营、管理等各方面中均起着重要的作用，并逐渐为行业所重视。房地产估价工作正常开展，需要一大批专业的房地产估价从业人员，他们不仅要具有良好的职业道德，而且还要掌握估价理论知识和操作技能。

房地产估价是房地产经营与估价专业学生的专业必修课，是一门理论性和实践性都很强的课程。通过本课程的学习，学生可以了解和掌握阅读房地产估价报告的方法，学会独立撰写房地产估价报告，善于运用各种估价方法对不同的估价对象进行估价，并能正确处理不同估价目的的估价任务。

本书主要分析了房地产估价理论与方法，先介绍了房地产及房地产估价，然后介绍了房地产价格、房地产估价的基本知识，接着详细地分析了房地产估价方法。

本书在编写过程中参考了大量的国内外相关文献资料及同类教材，重点参考了我国房地产估价师执业资格考试辅导教材，在此谨向这些作者及编写单位表示衷心的感谢！由于笔者的学识、水平和能力有限，书中难免会有瑕疵，恳请专家和广大读者批评指正。

目 录

第一章 房地产及房地产估价 ································· 1
    第一节 房地产、土地的定义及其诠释 ····················· 1
    第二节 房地产的特性及其诠释 ··························· 13
    第三节 土地市场、房地产市场结构与特征分析 ············· 29

第二章 房地产价格 ··· 49
    第一节 房地产价格概述 ································· 49
    第二节 房地产价值和价格的种类 ························· 53
    第三节 房地产价格的影响因素 ··························· 66

第三章 房地产估价的基本知识 ······························· 79
    第一节 房地产估价的概念及其诠释 ······················· 79
    第二节 房地产估价的目的 ······························· 88
    第三节 房地产估价的基本原则 ··························· 105

第四章 房地产估价方法 ····································· 118
    第一节 比较法 ··· 118
    第二节 收益法 ··· 125
    第三节 成本法 ··· 152
    第四节 假设开发法 ····································· 175
    第五节 其他估价方法 ··································· 197

参考文献 ··· 217

编者后记 ··· 218

第一章 房地产及房地产估价

第一节 房地产、土地的定义及其诠释

一、房地产

房地产属于重要的资产、财产，习惯上又称为不动产。在我国香港地区又称为物业、楼宇；在欧美国家又称为"propeny""real estate"。虽然在不同的地区和国家名称不同，但是其内涵是指土地、建筑物及其他土地上定着物的总称。具体而言，房地产是由实物、权益与考取位形成的合体。也可以认为，房地产是指土地、建筑物形成的物质实体及其所衍生的各种权利的总和。房地产具有双重含义：一方面是指土地、房屋等实物资产，另一方面是指房地产所对应的权利。由于世界上不同的地区和国家，土地所有制度不同，房地产的各种权利也有所差异。例如，我国土地属于二元所有，即城市的土地属于国家所有，农村和城市郊区的土地，除由法律规定属于国家所有的以外，

属于集体所有；宅基地和自留地也属于集体所有。所以，在我国的法律体系内，城市居民拥有城市房地产，从权利属件上分析，居民拥有房屋的所有权和土地的使用权，不拥有土地的所有权。

1. 土地

土地作为人们赖以生存的场所，是农业生产的基本资料，也是工业、交通、城市建设和旅游等不可缺少的物质条件。长期以来，不同学科、不同领域、不同部门对土地赋予了不同的概念和含义。

英国经济学家马歇尔（Alfred Marshall）认为，"土地是大自然无偿资助人们的地上、水中、空中、光和热等物质的力量。"美国经济学家雷利·巴洛维提出，"土地是受控制的附着于地球表面的自然和人工资源的总和。"澳大利亚学者克里斯钦和斯图尔特认为，"土地是地球表面及其他对人类生存和成就有关的重要特征，是地球表面的一个立体垂直表面，从空中环境到地下的地质层，并包括动植物群体以及过去和现在与土地相联系的人类活动。"联合国粮农组织对土地的定义是：土地包括地球特定地域表面及其以上和以下的大气、土壤及基础地质、水文和植物，并包含这一地域范围内过去和目前的人类活动的种种结果，以及动物就它们对目前和未来人类利用土地所施加的重要影响。

虽然不同的学者对土地的定义有所差异，但是均认为土地是一个综合的概念。综合以上论述，土地的内涵是指：土地是地球表面的特定区域，土地在地球上的位置是固定的，有特定的形状和面积；土地是一个自然和社会经济的综合体；土地是一个立体的三维空间的连续实体。

在房地产估价中，通常认为土地不仅仅指陆地的表层，还涵盖地球表面以上一定范围内的空间以及地球表面以下一定范围内的空间。

2. 建筑物

建筑物是为了满足人们生活、工作、学习及其他经济活动等的需要，利用建筑材料、一定的施工技术、施工方法和投入必需的人工劳动而建成的物质实体。其具体包括构筑物和房屋两种类型。建筑物通常是由承重结构、围护结构、建筑配件以及建筑设备等构成。承重结构主要承受建筑物的自重荷载、风荷载和地震荷载，主要包括：基础、柱、墙、梁板等承重构件；围护结构形成建筑物的室内空间，主要包括墙体、门窗、屋面等，围护构件应具有一定的保温、隔热性能，以保证提供人们从事各种活动所需要的适宜的空间。建筑物根据承重构件的材料和结构形式的差异，划分为砖混结构、钢筋混凝土结构、钢结构等多种形式。在钢结构中，又可以进一步细分为网架结构、悬索结构等。

3. 其他定着物

其他定着物是指固定在土地上，不能移动的非房屋实体，如挡土墙、室外给排水管道、煤气管道、通信设施等，也涵盖其他不能移动的自然物质实体。

二、房地产的实物、区位和权益

1. 房地产实物

实物是指构成物体的实体部分。对房地产而言，房地产实物是指土地和建筑物的实体，也就是能够被人们通过感官感觉到的部分，如土地、房屋的主体结构、柱、梁、板、框架剪力墙、地下连续墙等构件、地下室、门窗等配件以及雨篷、散水、明沟等部分。

对土地而言，土地存在的形态差别明显，有的属于农用地，有的属于建成区的土地。土地的形态不同，土地的市场价值存在差异。对房地产而言，实物状态及其所采用的建筑材料、建筑施工技术、结构形式不同，表明建筑物在施工过程中，投入的成本存在差异，进而会影响房屋的价格。如在土地取得成本相同的情况下，对于非成品房屋，砖混结构的建筑物，工程单方造价一般会低于框架结构的建筑物，而框架结构的建筑物一般会低于框架剪力墙结构的建筑物。因此，从成本构成的视角进行分析，房地产的供给主体在确定销代价格时，如果采用成本法定价的话，框架剪力墙结构的建筑物一般要高于同期、相同区位框架结构建筑物的价格。当然，以上分析，没有考虑房地产市场供求以及其他微观、宏观因素的影响，仅仅从供给主体在开发房地产的过程中成本投入的视角进行探讨。

在房地产市场上，房地产的实物形态差别非常大，有的属于尚未竣工的在建工程，有的属于刚刚竣工的增量房地产，还有的属于存在期限比较长的存量房地产；有的房地产属于危旧房屋，不能再作为人们居住、办公等日常活动的场所，房地产的实物状态如何，直接影响着房地产的价格。

因此，在进行房地产评估时，如果估价对象属于房屋或者房屋与土地一块进行评估，应该对评估房屋的结构形式、实物状况、成新状况、结构安全状况等进行全面的了解和把握。

2.房地产区位

土地是人类生活、生存所必需的重要资源。土地资源相对于人们需求而言，是稀缺的。在我国，土地资源分为城镇土地和农用地、自留山、自留地等。对城镇土地而言，具有明显的区位特征。城镇土地的区位特征体现在两个层面：一是表现在不同的城镇之间。二是表现在城镇内部不同地域之间。不同城镇在自然、经济等方面存在的地域差异，决定了城镇之间土地价值和土地利用方式的差异；而城镇内部土地区位条件的不同，也会导致土地的获益能力存在差异，土地的价值差别较大。作为建筑物的载体，土地的区位特征，使房地产也呈现出明显的区位特征。具体而言，就是不同城市之间，实物状况、结构形式、成新状况、权益状况相同的房地产，房地产的价值却存在明显的差异；在同一城市内部不同区域，房地产的价值也明显不同，区位对房地产价值具有重要的影响和决定作用。可以说，区位决定着土地、房地产的价值。

在房地产估价实务中，既要考虑土地的宏观区位，又要考虑土地的微观区位因素。首先分析房地产的宏观区位，也就是所位于的城市，进而分析房地产具体坐落在城市的哪一个确定部位，即微观区位。一个城市经济发展状况、产业发展、教育、文化等，对房地产价格影响明显。我国一线城市，如北京、上海、深圳、广州等，因其强大的集聚效应、产业效应吸引大量的人口，从而增加了对房地产的需求。房地产的微观区位是指房屋、土地所处的具体位置。房地产微观区位的概念侧重强调与区位相联系的交通设施、周边配套设施、环境状况以及文化、教育等设施。房地产微观区位周边的配套设施及教育资源等因素对房地产的价格影响较大。

房地产作为重要的资产、生活必需品以及生产资料，房地产不能移动的特性，决定了房地产的价格不仅仅受其实物状态的影响；在很大程度上，还受周边配套设施、所处区位的文化、教育设施、交通设施、治安状况、社区居民的文化素质以及其他设施的影响，也就是受其坐落位置的影响。因此，在房地产估价中，专业估价人员不仅需要评定待估房地产的实物、结构、成新状况等，还需要对房地产所处的区位进行详细的考察，了解待估房地产周边的配套设施、环境状况、商业设施、道路通达等情况，在此基础上才能对房地产价格进行合理的评定。

3. 房地产权益

房地产权益是指房地产中无形的、不可触摸的部分，包括权利、利益和收益，也就是房地产产权及其由产权所衍生的其他权利以及在不同的权利状况下房地产的收益。房地产产权主要包括所有权、使用权、租赁权、抵押权、典权、地上权和地役权等，见图1-1。

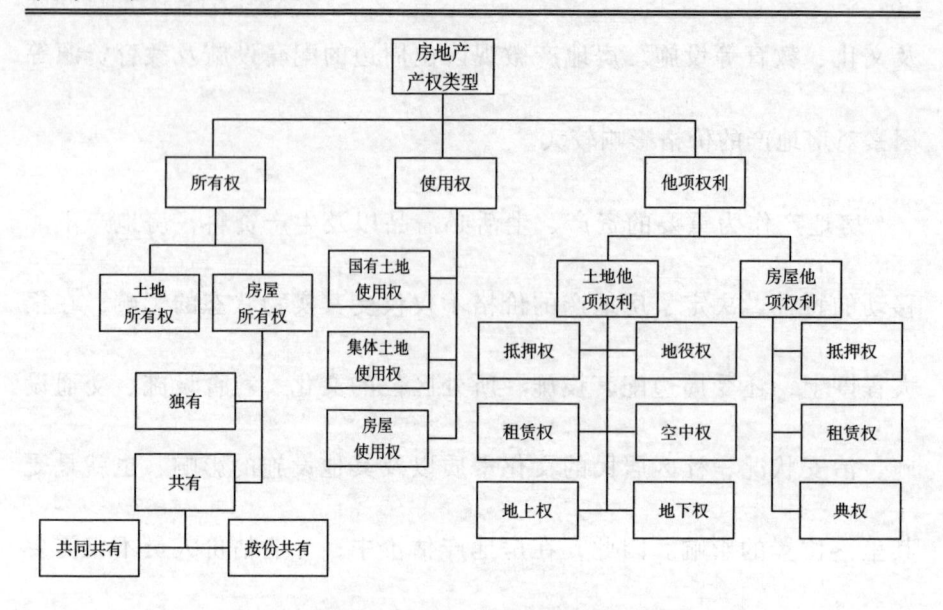

图 1-1 我国房地产产权类型

　　土地使用权是指土地所有者或者非土地所有者在依法占有土地的条件下，对土地进行开发和利用，以获取收益的权利，土地使用权是土地所有权的重要权能之一。

　　土地处分权是指土地所有者或者非土地所有者依法处置土地的权利，主要包括出售、赠予、出租、抵押等权利。土地处分权一般由土地所有者来行使，在特殊情况下，也可以由非土地所有者来行使。如我国国有土地通过土地出让市场实现土地使用权和所有权分离以后，土地使用权的受让人可以根据有关法律规定，在土地二级市场上转让土地使用权或者以土地使用权作为抵押，获得金融部门的信贷。

　　土地抵押权是指债务人或者第三人以其土地使用权及地上建筑物、

构筑物、附着物作为履行债务的担保，当债务人不履行债务时，债权人有权从抵押财产的价值中优先得到清偿的权利。根据我国《土地管理法》的规定，土地抵押权，主要是指国有土地使用权的抵押，随着集体土地使用制度的改革，承包农村集体土地的单位或者个人，可以以承包土地经营权进行抵押。

土地租赁权是指土地所有者或者非土地所有者根据法律的规定，将土地使用权以及依附于土地上的建筑物、构筑物或者其他附着物出租给承租人，并向承租人收取租金的权利。

土地典权是指获得土地使用权的自然人或者法人，以其土地使用权和土地上的建筑物、构筑物以及附着物等作为抵押进行融资的权利。产权人又称为出典人，支付典价的称为承典人。承典人在典期内具有使用土地以及地上建筑物、构筑物的权利，也具有转租或者转典的权利。在典期内，出典人不收取租金，承典人不收取利息；在典期结束时，出典人退回典价，赎回土地及其以上的建筑物和附着物，典期超过10年或者在契约中没有注明年限而超过30年时，原则上视为绝赎。

土地留置权是指债权人对债务人的土地及其以上的建筑物、构筑物和附着物等拥有的担保物权，如果债务人不按照契约的约定支付一定的款项，超过约定期限后，债权人有权留置债务人的以上财产，或者通过法律手段变卖债务人的财产，并从获得的价款中优先得到清偿。

地上权是指在他人的土地上以拥有建筑物或者其他构筑物为目的而使用其土地的权利。地上权的续存期限可长可短，并且可以不确定期限，地上权使用者是否需要支付地租，由双方当事人自行协商确定，地上权可以转让给他人，也可以作为抵押的标的物。

地役权是指为了使用自己土地的便利而使用他人土地的权利，如通行权、引水排水权等。提供方便使用的土地称为供役地，得到方便使用的土地称为需役地。

房屋所有权是指以房屋作为客体，由房屋所有者根据法律的规定，对自己所有的房屋具有的占有、收益、使用、处分并排除一切他人干涉的权利。与土地所有权相同，房屋所有权也是一种最充分的权利，是一种绝对权。根据《物权法》的"一物一权"原理，即在同一个客体物上只能设定一个所有权，也就是不能同时设定两个或者两个以上相互矛盾的物权，同一幢房屋或者建筑物内的具有独立功能的单元只能设定一个所有权。"一物一权"原理并不限定对于同一幢房屋或者建筑物内的具有独立功能的单元只能由一个人所有，可以由两个自然人或者机构共同拥有，也就是共有，具体又可以分为按份共有和共同共有。由于房屋必须以土地作为载体，房屋与土地是不能分离的。因此，在我国的法律框架下，房屋所有权主要是指土地使用权和建筑物所有权。

房屋使用权是指房屋所有权人或者非所有者依法使用房屋的权利。例如，房屋的产权人通过租赁的方式，将房屋使用权让渡给承租人，承租人在使用过程中通过向所有权人支付租金而拥有房屋使用权。

房屋的处分权是指房屋所有者或者非所有者依法处分房屋的权利，包括转让、租赁、抵押以及赠予等。

房屋的收益权是指房屋所有者或者非所有者依法利用房屋进行经营或者出租获取收益的权利。

房屋的租赁权是指房屋所有人或者非房屋所有人依法作为房地产的出租人，将一定期限的房屋使用权租赁给承租人使用，并向承租人收取租金的权利。

房屋他项权利与土地他项权利相类似，包括房屋的抵押权、典权、留置权等。

以上各种权利，可以单独产生收益，因而形成各种不同内涵的价格。在进行房地产估价时，只有对待估房地产的权利状况进行全面的了解，方能进行正确的评估。

在我国，随着住房制度改革，在房地产市场上，存在着不同权益状况的房屋，有的房地产具有完全产权，如商品房，购买商品房的业主拥有国有土地的使用权和房屋的所有权；有的房地产属于不完全产权房，如经济适用房。经济适用房作为我国的保障性住房，是城市政府为了解决中低收入城市居民居住困难，通过划拨土地、控制开发商开发利润、对开发商和购房者实行部分税费减免、控制销售价格而供应的一种保障性商品房。经济适用房的用地属于划拨用地，因此，经济适用房属于不完全产权房。经济适用房的拥有家庭，居住满一定期限后，在房地产市场上进行交易时，根据相关政策的规定，从销售所得中，提取一部分，补交地价款。因此，对房屋或者土地进行评估，需要详细把握其产权状况，然后选用科学合理的方法进行价格评定。

第二节　房地产的特性及其诠释

房地产和其他商品相比，具有明显的特征。从经济学的视角进行分析，房地产没有替代品，为了解决居住问题，人们要么买房，要么租房，人们只能在租买之间选择。当房地产销售价格较高时，住房消费者可以选择租房来解决居住问题。从产权市场来分析，由于房地产固着在土地上，不能移动，人们购买房屋或者住宅，没有出现商品的流动。在交易过程中，伴随的是产权的流动，包括所有权、使用权和他项权利的转移和让渡。从房地产经济活动方面进行分析，存在着多样性的特征，包括买卖、租赁、抵押、典当、保险等活动。因此，房地产作为一种价值量高的生活必需品和投资品，具有明显的特征，具体体现在位置固定性、保值增值特性、流动性差、产品完全差异化、外部性、用途多样等，如图1-2所示。

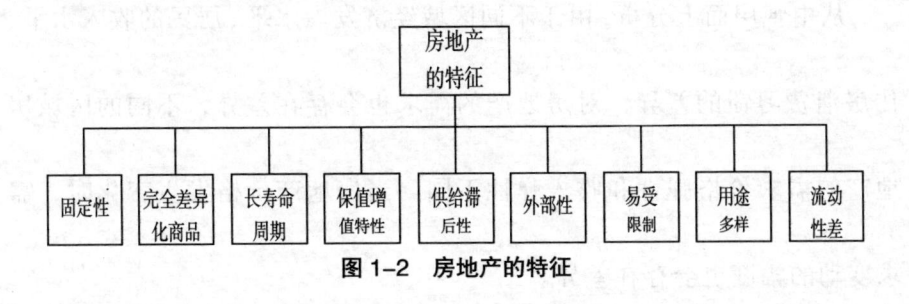

图1-2　房地产的特征

一、位置的固定性

土地具有位置固定、不可以移动的特性，房屋固着在土地上，也具有位置固定性的特征。由于房地产的不可移动，房地产市场呈现出区域性的特征，房地产市场属于区域性的市场。当某一城市房地产市场总供给和总需求不相等、存在供需缺口时，区域外的房地产不能流动到区域之内参与竞争，区域内的房地产也不能流动到区域之外参与竞争，房地产位置的固定性，导致了房地产市场的分割。房地产市场更多地受到区域经济发展状况的影响，房地产市场与区域产出和服务市场、劳动力市场具有密切的联系。房地产作为重要的生产资料，当区域经济增长时，如需求引致的区域经济增长、劳动力供给增加引致的区域经济增长，对房地产市场会产生影响，影响房地产的供给、需求、价格和租金。

从中观层面上分析，由于不同区域经济发展水平、居民的收入水平、住房消费习惯的差异，对房地产的需求也会存在差异，不同的区域房地产的需求价格弹性和收入弹性不同。当房地产价格发生变化时，需求变动的幅度也会存在差异。

前已述及，土地具有明显的区位特征，具体表现在两个层面：首先，在不同城市之间，土地的自然和经济状况不同，土地的价值存在差异；其次，在同一个城市内部，不同位置的土地，土地价值和土地利用方式会有所不同。土地的区位特征导致土地价值或者价格的差异。房地产作为土地和建筑物的综合体，房地产价格也呈现出区位差异。如同一城市，位于市中心的房地产和位于城市边缘区位的房地产，价格存在明显的不同，正是由于区位对房地产价格的决定作用，导致房地产开发商在确定房地产销售价格时，仅仅考虑其周边相邻房地产项目的销售价格，忽视与其不同区位或者不同板块的开发项目的销售价格。因而，房地产开发企业的竞争仅仅是相邻开发项目之间的竞争，不相邻的项目不构成实质的竞争关系，而不同项目产品的差异化又弱化了相邻开发项目之间的竞争程度。

因此，实物状态相同、权益状况相同的房地产，由于所处的城市或者区位不同，价格会存在明显的差异。房地产估价就是对房地产在某一时点的市场价格进行科学的评估，为房地产各种经济活动提供服务。因此，为了合理地进行估价，专业估价人员应该对某一区域或者某一城市的房地产市场或者房地产市场的某一子市场进行分析和评判，了解待估房地产所处的区位、周边配套设施以及交通条件等。

当然，随着建筑科学技术的发展和计算机技术在建筑领域的应用，建筑施工技术不断提高，对已经投入使用的建筑物，在城市更新和城市动拆迁的过程中，可能建筑物的坐落位置与城市规划发生矛盾，为了节省投资、缩短施工周期、提高存量建筑物的利用、保护环境、节约资源，在建筑领域对存量建筑物进行移位已经成为常见的施工现象。特别是在我国，随着城市化的进程，城市的不断拓展以及城市更新，许多存量房地产或者具有历史意义的保护性建筑物，其原始坐落位置与城市规划产生冲突，建筑物的移位已经成为建筑施工领域的重要施工过程。因此，对于房地产的位置固定性，就当前来分析，这一界定是相对的。但是与数量巨大的存量房地产对比而言，能够移位的房地产或者建筑物毕竟还是少数，并且在移位过程中还受到诸多条件的限制，如地上建筑物的结构形式、周边场地的影响等。如需要移位的建筑物，其周边必须有相应的空地才能保证移位的实施。

二、供给滞后性

对房地产开发企业而言，从事住宅、写字楼、商业房地产的开发、经营等活动，从获取土地使用权，建筑物的规划、设计、施工、竣工验收到房屋销售，一般需要较长的时间，建筑物的施工周期一般在

2~3年。而房地产的需求，由于受货币政策、税收政策、住房公积金政策的影响，在货币政策、税收政策发生变化时，需求在短时期内可能增加或者减少。所以，相对于需求而言，房地产的供给具有滞后性。房地产供给的滞后，还体现在决策的延迟和信息的不对称上。

房地产市场属于信息偏在的市场，房地产的供给主体、开发商和存房的业主，不能够及时获得市场交易的价格信息；另外，房地产价格存在着刚性，房地产价格不能随着供给、需求的变化及时调整；由于房地产的供给主体在获取市场价格信息方面存在着延迟，当房地产市场供给不足时，开发商不能及时决策；房地产开发往往受到土地供应的影响。房地产商品的供给受到土地市场的影响明显，开发商能否进行房地产开发，取决于其能否从城市政府土地储备机构获得国有土地的使用权。

在房地产市场上，需求受其他因素的影响，如一国的货币政策、税收政策的变化、新的法律法规的颁布或者修订、居民收入的增加、偶然事件的影响，在短期内需求会发生较大的变化，而房地产的供给相对于需求而言却存在着滞后性。房地产的供给滞后性，表明房地产在短期内供给不具有弹性，这样会导致房地产的价格在需求变化时，随着需求的增加或者减少，产生较大的波动。

三、长寿命周期

房地产具有较长的寿命周期，属于耐久期长的商品。如建筑物在设计时根据其重要性，设计寿命分别为 100 年、50 年等，国家级以及重要的建筑物设计耐久期为 100 年，一般建筑物设计耐久期在 50 年。房地产从竣工、使用到拆除，一般经历较长的时期。在我国现行的法律框架内，国家或者城市政府作为城市建设用地的拥有者，通过土地一级市场，把一定期限的土地使用权通过出让的方式，让渡于土地使用单位，并收取相应的土地出让金。土地使用权的最高出让年限，在《土地管理法》中有相应的规定，如居住用地 70 年，工业用地 50 年，教育、科技、卫生、体育用地为 50 年，商业、旅游等用地为 40 年，综合用地为 50 年，具体见图 1-3。根据《城市房地产管理法》的相关规定，土地使用权使用期限届满时，土地使用者可以申请续期，但是需要按照不同房地产的类型补交土地出让金。

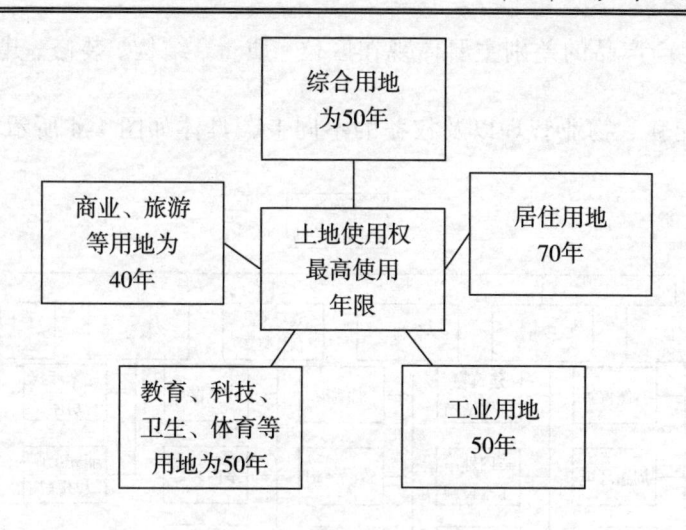

图 1-3 土地使用权最高使用年限

四、完全差异化商品

房地产产品的差异化，主要是其宏观区位和微观区位的不同造成的。区位决定着房地产的价值。建筑属性完全相同的两幢房地产，由于其宏观区位和微观区位的不同，其价值差异非常大，如我国一线城市和二、三线城市住宅价格的差异；同一城市，核心区域和郊区住宅价格的差异。房地产产品的差异化是指在区域性的房地产市场上，不存在完全相同的两幢房地产或者完全相同的房屋。温茨巴奇认为，由于不动产的不可移动性，每一个房地产产品都有一个唯一的、不可复制的位置，相对于有相似性和替代性的其他商品，房地产是唯一的、独特的，因而是有差别的。

房地产产品的差别主要体现在区位、质量、结构、装修、建筑设计、环境与配套、物业管理以及权益的不同上，具体如图1-4所示。

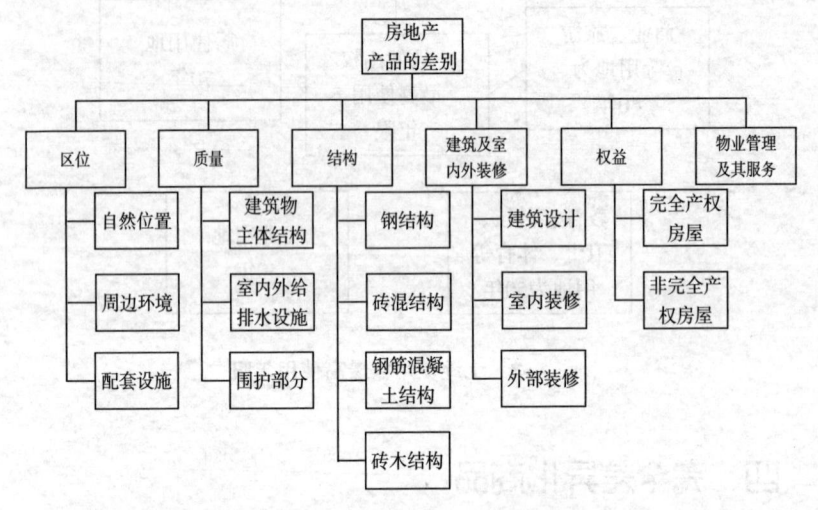

图1-4 房地产产品的差别

第一，房地产的区位是唯一的，不可复制的，房地产的区位不同，决定了处于不同位置的房地产产品存在着差异，而区位的决定作用始终是处于第一位的。区位对房地产产品差别化的影响主要体现在自然位置差异、周边环境和配套设施等方面。

第二，房地产的质量差别主要是指房地产主体结构、室内外设施、围护结构等方面。主体结构的施工质量、选用的建筑材料、室内外给排水设施的施工质量、围护结构的材料、质量等方面的不同，也会导致房地产产品的差异化程度；地上建筑物是通过复杂的施工工艺、施工技术，通过利用多种建筑材料和人工劳动形成的复杂实体，不同的建筑实体，在某一方面或者诸多方面存在着差异。

第三，房地产的结构形式方面也存在差异，有的建筑物属于钢结构，有的属于钢筋混凝土结构，或者为砖混结构；建筑物的基础结构形式也存在着差异，有的为条形基础，有的为满堂基础、箱形基础或者桩基础等。因此，房地产产品的差异化还体现在结构形式的不同上。

第四，建筑设计、室内外装修也造成房地产产品的差异化。不同的建筑设计方案，特别是户型设计，单元内功能分区、房间的位置、厨卫布局等存在着差异；而室内外装修，特别是室内装修，装修风格、装饰材料的选用等存在着千差万别。

第五，物业管理和服务的差异，也会强化房地产产品的差异化。房地产属于跨期消费产品，耐用期长。在物业的使用期间，物业企业如果能够提供全面、细致的服务，对物业的公共部分及时进行维修和保养，能够延长房地产的经济寿命，提高物业的投资价值。因此，房地产的产品差异还表现在物业管理和服务方面。

五、外部性

外部性是指经济活动中，私人成本、私人收益与社会成本、社会收益不相等时，一项经济活动对其他主体所产生的影响在生产者或者消费者在从事某项经济活动时，给社会上其他成员带来益处，但是该项经济活动的主体却没有得到补偿，此时私人收益低于社会收益，这种性质的外部影响称为"外部经济"，或者正外部性。与此相反，当生产者或者消费者从事某项经济活动给社会上的其他人带来危害，而该项经济活动的主体却没有支付危害的成本，也就是私人成本低于社会成本，这种性质的外部影响称为"外部不经济"，或者说该项经济活动具有负外部性。外部性可以分为生产的外部性和消费的外部性。

在经济学中，通常将物品分为"私益物品"和"公益物品"。"私益物品"是指一个人在消费某一种产品时，其增加的额度正好等于他人消费减少的额度。因此，可以把"私益物品"定义为在竞争性的市场中，通过交易能够有效地转让产权的所有物品的总和。"私益物品"的供给和需求可以依靠市场机制来解决，通过私益物品的交易，消费者获得了最大的效用，生产者获得最大的利润。私益物品具有消费和收益的排他性。"公益物品"是指能够同时供许多人使用的物品，并且供给它的成本与享用它的效果，并不随享用它的人数规模的变化而变化。对"公益物品"而言，个人消费的增加并没有引致他人消费的减少。"公益物品"具有收益和消费的非排他性，如果生产者为某一消费者生产一定量的产品，它实际上为其他人也生产了同等数量的产品；一旦这些公益物品被生产出来，成本的承担者无法阻止那些没有分担成本的人免费享用，即"搭便车"行为。"公益物品"收益和消费的非排他性是由于外部性和信息不对称所造成的。

房地产的公益物品性可以以绿色住宅为例来说明。我们可以把绿色住宅定义为"准公共物品"，其主要原因在于绿色住宅具有消费的排他性和收益的非排他性。房屋产品的消费者购买了绿色住宅以后，便拥有了某一绿色住宅的产权，同时拥有了绿色住宅的他项权利，如居住权、租赁权、抵押权、典当权等；这种权利完全排斥了他人占有的权利，从这一方面分析，绿色住宅具有消费的排他性，这是"私益物品"的特性；但是，绿色住宅的收益具有非排他性，不仅绿色住宅的生产者和消费者获得了收益，绿色住宅作为节能生态住宅，在施工和居住阶段，降低了能源消耗，减少了污染，保护了环境，达到了节能、节地、节材的目的。从微观角度而言，提供了优美的小区环境；从宏观层面分析，为整个社会提供了良好的环境，绿色住宅具有收益的非排他性，所以绿色住宅应属于"准公益物品"。

对房地产开发商而言，从事房地产产品的开发、经营和消费活动，同样具有正的或者负的外部性，如绿色生态住宅、节能省地住宅具有正外部性。开发商开发绿色生态住宅，开发成本和非绿色生态住宅相比，一般要提高20%~30%，绿色生态住宅具有环境优美、建筑节能、空气自然、生态调节、建筑材料环保、雨水的循环利用、绿色能源利用等特点，能够提供最适宜人们生活的居住环境，居住成本要明显低于一般普通住宅。对开发商而言，开发供应绿色生态房地产，不仅提供了房地产产品，还改善了房地产项目所在区域的生态环境，居住在绿色生态住宅附近的其他居民也从中获益。因此，房地产开发商作为绿色生态住宅的供给主体，其开发经营活动给社会上的其他人带来益处，这一房地产经济活动具有正外部性。从绿色生态住宅的消费主体进行分析，绿色生态住宅的消费者，购买绿色生态住宅需要支付高于一般普通非绿色生态住宅的资金，需要较高的初始购买成本，在居住期间，因绿色生态住宅具有非常好的水环境、气环境、声环境、光环境、热环境、绿化环境，降低了居住成本，不仅消费者自己受益，居住在绿色生态住宅附近的居民同样受益，所以绿色生态住宅具有生产的正外部性和消费的正外部性。

由经济学原理可知，由于外部性的存在，绿色住宅的效益外溢，被社会无成本地获得。因此，绿色住宅的市场均衡供应量低于最优供应量，市场均衡供应量低于社会的需求量。

同样，一些特殊的公共房地产也具有正的抑或是负的外部性，环境优美的公园、快速便捷的交通、完善的教育、卫生设施等可以提高本区域内居住类物业的价值，消费者愿意就配套设施完善的住宅支付较高的价格，以上公共设施具有正外部性。而一些特定用途的房地产或者公共设施具有负外部性，影响其周围的居住类物业的价值。桑普、纳尔逊、史密斯等人的研究结果表明，机场由于飞机的起降所产生的严重噪声会导致附近居住类物业的价值降低20%~30%；格雷瑟研究表明，居住类物业的价值随着远离机场、重型机械工厂、化工厂而增加。

六、流动性差

流动性是指资产能够以一个合理的价格顺利变现的能力，它是一种投资的时间尺度和价格尺度之间的关系。如果在较短的时间内，在不产生损失或者损失较小的情况下，能够将资产转换成现金，称为流动性好；否则，称为流动性较差。与流动性相对应的另一个概念是流动性偏好，所谓流动性偏好是指人们愿意以货币形式或存款形式持有某一部分财富，而不愿以实物资本形式持有财富，并准备在投机市场上获得高额利润的一种心理动机。

一般而言，部分常见资产的流动性如表1-1所示。

表 1-1 部分常见资产的流动性

现金	活期存款	短期国债	蓝筹股	一般股票	长期债券	城市中心房地产	城市外围房地产
1	2	3	4	5	6	7	8

表1-1中，现金的流动性最高，城市外围房地产的流动性最低。也就是，现金的流动性高于活期存款，而活期存款的流动性高于短期国债，以此类推，城市外围房地产的流动性最低。影响资产流动性的因素较多，其中，交易成本会影响资产的流动性。比如，在住宅市场上，当价格上涨幅度较快时，存在着大量的投机需求、投资需求，为了抑制投机需求、投资需求，城市政府增加营业税和投资收益所得税，也就是增加交易成本，抑制市场上的投机、投资需求。由于需求的降低，在房地产市场上，交易周期延长，这在一定程度上，降低了住宅市场的流动性。在我国当前的房地产税收体系下，住宅类物业不需要交纳房产税，但是其他房地产要交纳相应的房产税，所以，商业地产、办公类房地产的流动性一般低于住宅类房地产的流动性。

房地产作为一种需要的资产，随着经济的增长和人们收入水平的提高，居民在满足了居住需求以后，会增加对房地产的投资。房地产市场属于区域性的市场，房地产产品的完全差异化，房地产市场的垄断竞争结构、房地产市场的信息不充分，导致了房地产交易往往伴随着较高的信息搜寻成本和交易成本。在房地产市场上，特别是区域性的房地产子市场上，房地产的供给主体和需求主体相对于一般商品而言更少。房地产属于价值量高的商品，消费者或者需求主体在作出购买决策时，需要对某一区域的房地产市场或者子市场进行了解，由于市场信息的偏在，消费者需要通过房地产经纪机构的参与；房地产价格在供求和其他非经济因素的作用下，经常处于波动之中，为了给房地产交易提供交易参考依据，往往需要专业的人员对房地产价格进行评估。因此，从搜寻信息、到契约签订、交易完成，需要消费主体和供给主体、中介机构的参与。所以，房地产实物资产转换为现金，往往需要较长的周期，房地产资产流动性较差。

此外，房地产的差异化程度非常高，或者定义为完全差异化产品。房地产受到区位、外部性的影响明显，人们购买房地产时，不仅仅对房地产的实物状况进行选择，对房地产所处的区位也进行分析和考察，区位对房地产的需求影响往往起着决定作用。一般而言，对某一区位房地产有需求的消费者，相对较少。当房地产的产权人急于出售房地产时，对该类房地产的潜在需求者往往比较少，这增加了房地产变现的难度。

七、易受限制

房地产在开发、经营、使用过程中受多方面的限制。易受限制主要是指土地和房屋作为不动产，在利用和使用过程中会受国家以及其他管理机构颁布的法律、法规的影响和限制，如土地规划、城市规划的限制、房地产税收制度的影响。

为了城市的可持续发展和集约利用土地，土地的利用受到土地规划、城市规划的限制，如土地的使用用途、土地的开发强度、建筑物的高度、容积率、建筑密度等在城市的详细规划中都有明确的规定，开发商作为房地产的供给主体，在房屋的开发、经营中必须遵循城市详细性规划的要求。

房地产作为显化的资产，是企业、组织、个人等拥有的重要财富，国家为了满足财政支出的需要，调节收入差距，实行社会福利，一般对房地产征收房地产税。如在我国，房地产税包括耕地占用税、城镇土地使用税、土地增值税、房产税、契税、房地产营业税、经营所得税等。

国家或者地方政府为了公共利益的需要，在城市建设中，可以在给予房地产所有者一定补偿的基础上，强制取得企业、组织或者个人的房地产。因此，土地和房地产在使用过程中会受到一定的限制和控制。

第三节 土地市场、房地产市场结构与特征分析

一、市场结构类型

在经济学中，根据市场上厂商的数量、产品的差异化程度、厂商的市场势力和行业的进出壁垒，将市场划分为完全竞争市场、垄断竞争市场、寡头垄断市场和垄断市场四种类型。关于市场结构类型和特征如表1-2所示。

表1-2 市场结构类型和特征

市场结构	完全竞争市场	垄断竞争市场	寡头垄断市场	垄断市场
厂商数量	很多	产业集中度较低，产业市场内厂商数量较多，每个企业的市场占有率较低	市场被几家大企业所垄断，他们生产和销售的产品在市场中占有较高的比例	唯一
产品差别程度	完全无差别，产品的同一性很高，产品的替代性很高	有差别的同种产品	有差别或者无差别	唯一产品无替代性
市场势力	无	有一点	较强	很强
进出壁垒	不存在任何进入和退出壁垒	较低	进出壁垒较高，在位厂商在资金、技术、生产和销售规模、品牌知名度等方面具有绝对优势	很高，如技术壁垒、资本壁垒、制度壁垒、策略壁垒
市场信息	所有的买者和卖者都掌握与交易有关的一切信息	交易信息不充分	交易信息不充分	交易信息不充分

在完全竞争的市场上，厂商数量和消费者的数量非常多，提供的产品没有差别，产品之间具有完全的替代性，如果一个企业提高自己产品的价格，所有的消费者都会转买其他企业生产的商品。因此，在完全竞争的市场上，产品的需求价格弹性无穷大。市场上存在着众多的买者和卖者，厂商所提供的产品占市场份额较低，市场集中度较低，产品供给和需求者对市场价格没有影响力，市场交易主体是市场价格的接受者。产业市场不存在任何资金、技术、法律的进入与退出壁垒，新的企业进入和退出市场是完全自由的，也就是该产业的预期利润较高时，就会有许多企业进入；当产业利润下降到低于正常水平时，企业就不断退出。

在垄断竞争的市场上，存在着很多生产厂商，提供有差别但是具有替代性的产品，产品在质量、外观、商标和售后服务等方面存在着一定的差别。由于存在着一定的差别，生产厂商能够在一定程度上排斥其他同类商品，具有一定的定价权。厂商所具有的垄断势力取决于产品与其他商品的差异化程度，厂商的生产规模比较小，市场占有率较低，存在着一定的进入壁垒，进入或退出某一行业比较容易；进入和退出壁垒较低，生产厂商具有一定的市场势力，但是市场势力较弱。

寡头垄断市场是指在市场仅仅有少数几家生产厂商提供产品，每个厂商的产量在整个行业中占有较高的份额，寡头企业具有较强的市场力量，可以在高于边际成本处定价。产品基本同质或者差别较大，存在两种情形：一种是寡头垄断厂商生产的产品基本同质，没有差别；二是产品存在较大的差别，相互之间关联度比较低。产业进入和退出壁垒非常高，在位生产厂商在资金、技术、生产规模、产品知名度、销售渠道等方面具有绝对优势。当潜在的生产厂商进入该行业时，在位厂商通过战略性措施对其形成进入阻滞，或者形成压力集团影响政府的政策和影响行业标准的制定，形成战略性和制度性壁垒。因此，寡头垄断市场上，进入壁垒较高。为了获得较高的利润，寡头厂商通常采用非价格竞争的策略，往往实行价格合谋。寡头垄断市场是一种较普遍的市场结构形式，如汽车、钢铁、电力、石油、高端医疗设备行业均属于寡头垄断的市场结构。

垄断市场是指在市场上只有一家生产厂商，提供的产品没有任何相近的替代品，行业进入壁垒非常高，存在着技术壁垒、资金壁垒、法律壁垒以及策略性壁垒，潜在厂商很难进入市场；垄断厂商是价格的制定者，具有很强的市场力量，垄断厂商通过调整产量和销售价格获得垄断利润。

二、土地市场与结构

对我国当前的土地法律进行分析可知，我国的土地实行二元所有制，即全民所有制和劳动群众集体所有制。国有土地实行使用权和所有权相分离的制度，县级以上政府通过土地征用将农村集体组织所有的土地转为城市建设用地，然后通过市场化的方式，即招标、拍卖、挂牌的方式，出让土地使用权，从而获得大量的土地出让收入——土地财政。总体而言，我国的土地市场是政府驱动型市场，目前我国城市建设用地市场在土地市场体系中占据着主导地位。

土地市场是指土地及其地上建筑物和其他附着物作为商品进行交换的总和，也称地产市场。土地市场中交易的是国有土地使用权而非土地所有权，交易的土地使用权具有期限。在我国现行的法律框架下，土地市场主要是指城镇土地使用权出让和转让市场。通常情况下，土地市场分为土地一级市场和土地二级市场。

土地一级市场也称为土地使用权出让市场，即国家通过其指定的政府部门将城镇国有土地或将农村集体土地征用为国有土地后出让给使用者的市场。出让的土地，可以是生地，也可以是经过开发达到"七通一平"的熟地。土地二级市场也称为土地使用权转让市场，即将土地使用权再转让的市场。

根据我国《土地管理法》的规定,县级以上政府具有征用土地、出让土地使用权的权利,而农村集体组织和其他组织不具有征用土地和出让土地使用权的权利。县级以上政府及其土地主管部门通过土地征用、储备城市存量土地,利用招标、挂牌和拍卖的方式出让土地使用权,获得大量的土地出让收入。我国土地市场的细分及其特征如图1-5所示。

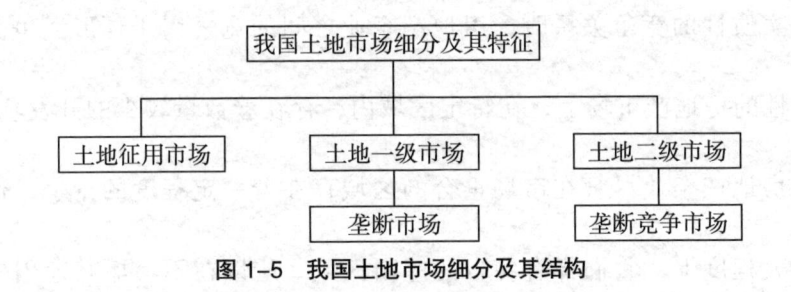

图1-5 我国土地市场细分及其结构

三、房地产市场结构及其市场细分

为了分析房地产市场结构类型,下面分别从产品的差别、企业间的竞争、市场势力和房地产业的进入壁垒进行探讨。

房地产的区位差异、实物、配套设施以及物业管理与服务等诸多方面的不同,决定了房地产属于差异化程度非常高的产品。丹尼斯·卡尔顿认为,如果消费者认为某一行业中不同品牌的商品具有不完全替代性,生产厂商可以将其价格提高到比其他竞争对手较高的水平而不致失去所有的消费者。产品差别的程度与企业的市场力量是正相关的，产品差异化程度越高，企业的市场力量越强，如果产品的差别化程度非常高，则市场上企业的市场力量非常强。房地产产品的差异化弱化了开发商之间的竞争，提高了开发企业的市场力量。房地产的位置固定性、不可移动性等特性，决定了开发企业之间的竞争属于相邻开发项目之间的竞争，在空间位置相差较大、不同区域之间的开发项目不构成实质性的竞争关系时，房地产企业之间的竞争属于环形竞争。在区域性的房地产市场上，在特定区域内，存在着数量较少的开发项目，因此房地产企业尽管在市场重合的区域存在着一定程度的竞争，但是在更大程度上，它们都有各自的垄断区域，所以在不考虑其他因素的条件下，房地产开发项目之间的区位越远，各自垄断的区域越大、竞争越弱。房地产开发企业之间的竞争是不充分的，相邻的开发企业往往采取非价格竞争的手段，通过广告宣传、提供差异化的产品，来扩大企业的利润空间。

房地产产品的差别、位置的固定，强化了开发企业的市场力量，开发企业在确定产品销售价格时，可以高于边际成本定价。所谓市场力量是指企业对自己产品价格的影响与支配能力。如果一个企业有能力影响市场价格，那么这个企业就具有市场力量。

在完全竞争的市场上,产品供给方和需求方都是市场价格的接受者。市场均衡时,价格等于边际成本和平均成本,勒纳指数为零。

在非完全竞争的市场上,产品存在着一定程度的差异,产品市场销售价格要高于边际成本,因此,勒纳指数大于零。

进入壁垒是决定市场结构的重要因素。在完全竞争的市场上,进入退出均非常容易,不存在进入壁垒。在其他类型的市场中,则存在着行业进入壁垒。关于进入壁垒的内涵,不同的学派和理论所下的定义有所差异。

贝恩认为,进入壁垒是指潜在进入者或者"潜在企业"和在位企业竞争中所遇到的不利性障碍因素。也就是允许在位企业赚取超额正常利润,而不受到进入威胁的一切因素。贝恩认为进入壁垒产生的主要原因在于:绝对成本优势、产品差别优势、规模经济和资本要求。绝对成本优势是指在特定的产量水平上,现有企业比潜在的进入企业以较低的成本进行产品生产的能力,这种能力的存在,使得潜在的进入者在试图进入市场的过程中,或者进入市场以后与原有企业相比处于不利的境地。

规模经济是指随着产量的增加,产品的平均成本不断下降的一种状态,在位企业的规模经济效应导致其与潜在进入企业在生产和成本方面存在差异，从而对潜在进入者产生阻滞作用，形成进入壁垒。在位企业拥有优越的生产技术，通过资本积累使其生产成本降低，或者通过订立长期契约，以阻碍进入者获得重要的生产要素。在产品差别方面，在位企业通过取得产品创新的专利，获得了产品差别的优势。

产品的差异化是构成进入壁垒的重要因素。在位厂商通过长期的差异化战略，已经拥有了一定的知名度和品牌影响，并在消费者中形成了一定的忠诚度，在一定程度上影响了消费者的偏好。新进入的企业为了获得消费者的认可，往往采用低价销售的策略，或者进行广告宣传以及促销活动，这需要较高的成本投入。因此，原有产品的差异化也构成了进入壁垒。

施蒂格勒基于在位者与潜在进入者成本差异的视角对进入壁垒进行了定义。进入壁垒是一种生产成本，这种成本是在位厂商无须承担，而新进入厂商必须承担的成本。冯·魏茨萨克遵循了上述定义，并从社会的角度进行分析，认为这种成本意味着资源配置的扭曲。斯蒂格勒认为，绝对成本优势、产品差别优势、规模经济等因素并不能构成进入壁垒，而政府的行业管制、政府对经济活动的干预以及法律的限制才能形成进入壁垒。

鲍莫尔认为，沉没成本的高低决定了企业从市场中退出的难易程度，进而会影响企业的进入决策，因此沉没成本是唯一造成进入壁垒的根本原因。企业一旦进入，退出时的沉没成本越高，企业退出越困难，企业进入时就越谨慎。所谓沉没成本是指企业进入时投入的资本，在退出时不能收回的部分；如设备、厂房在退出时可以出售，但出售时可能会产生折价，或者用于技术的研发、员工的培训以及广告投入等，都不能收回投资。

萨洛普基于在位厂商的战略行动选择，区分了"无意的"进入壁垒和战略性的进入壁垒。如果在位厂商，采取一项行动，没有估计到会对潜在进入厂商产生影响，但是此项行动确实使进入无利可图，行动所产生的阻止作用，形成了"无意的"进入壁垒。如果在位厂商采取某项行动的目的就是有效阻止潜在进入者进入某一行业，形成进入壁垒，则为战略性壁垒。

根据以上学者对进入壁垒的界定，结合我国房地产市场的特点和房地产市场运行的制度环境、法律、法规以及土地一级市场的垄断特征，我国房地产业的进入壁垒主要是由于房地产市场制度环境和在位开发商战略性阻止行动形成的壁垒，而规模经济、资本要求、绝对成本优势并不能形成实质性的进入壁垒。

从资本投入来分析，虽然房地产行业属于资金密集型行业，房地产的开发需要投入大量的资本，一些开发项目少则几千万元，大型的开发项目需要几十亿元。但是从我国房地产企业的资金来源进行分析，房地产开发企业自有资金不到30%，项目开发资金主要来源于商业银行的抵押贷款、建筑承包商的垫付款、商品房预售收入。虽然房地产抵押贷款存在着一定的风险，在我国居民储蓄不断增加的情况下，商业金融机构汇集了巨额的存款，存在着贷款的压力。土地、房地产作为不动产，属于非常好的抵押品，房地产作为资产，随着我国经济的发展，资产价格不断上升，商业银行用于房地产的开发、消费贷款不断增加。因此，从资金来源方面进行分析，开发商只要在土地一级市场、二级市场获得土地使用权，只需要缴纳20%~30%的土地出让金或者土地购买价格，其余部分可以以土地进行抵押，获得银行的信贷。此外，从开发商的开发过程进行分析，项目的开发，一般实行分期滚动开发，分期销售，一期预售收入可以作为二期的开发资金，在正常的开发过程中，开发商所需要的自有资金并不高。因此，从资金方面进行分析，并没有构成房地产行业的进入壁垒。

房地产业具有虚拟经营的特征。房地产开发经营、服务等经济活动，可以借助建筑业、中介服务业和物业管理企业来完成。房地产的开发、施工及其建设活动由建筑总承包商来完成，房地产产品可以借助房地产经纪机构进行销售，后期的物业管理和服务通过物业管理企业来实施，因此，规模经济并不能形成房地产业的进入壁垒。

房地产产品的差异化也不能形成进入壁垒。在位开发商为了向社会宣传其房地产产品信息，扩大企业的影响力，通过长期、大量投放广告，长期的广告宣传能够影响消费者的消费偏好，形成品牌效应，并能够提高企业的市场力量。在完全竞争的市场上，广告宣传能够对潜在的进入者形成进入壁垒。房地产产品受位置的限制而不能流动，房地产市场具有区域性特征，房地产企业的竞争是相邻开发项目之间的空间竞争，广告宣传所形成的品牌效应只能影响一定区域、一定范围的消费者，加之我国大型房地产开发企业所占市场份额较低，房地产产业的产业集中度较低，因此，房地产产品的差别和广告效应强化的产品差别不能构成房地产市场的进入壁垒。

四、房地产估价的必要性

随着我国社会主义市场经济的逐步建立和国民经济的稳定发展，工业化、城市化进程的加快，土地使用制度、住房制度的改革，我国房地产业逐步得到发展，房地产业的规模不断扩大，房地产业已经成为我国国民经济的支柱产业，房地产业的增加值在国内生产总值中占有较高的份额，房地产经济活动也日益频繁。住宅产业作为房地产业的子系统，随着住房制度的货币化改革，住宅投资额、开发量、竣工量和交易量不断提高，我国城乡居民的居住状况得到明显的改善。

房地产作为价值量高、耐久期长、差异化程度高、跨期消费的商品，具有与一般商品不同的特征，房地产的交易属于产权的让渡，房地产产权在不同的主体之间的转移，房地产的产权内涵极其复杂。从交易客体进行划分，可以分为土地的所有权、使用权、收益权、租赁权、典权、地上权等以及房屋的所有权、使用权、收益权、典权等。不同的权利状况，所体现的内涵明显存在差异，在房地产经济活动中所呈现的价格含义也存在不同。因此，为了为房地产经济活动提供交易参考依据，必须对房地产价格进行评估。房地产估价的必要性主要体现在以下几个方面：

1.产品的差异化程度高，市场交易主体缺乏对房地产价格评估的能力

房地产的区位性、结构特征、建筑设计、装修、室内外配套设施、物业与服务的不同，决定了房地产产品属于高度差异化的产品，房地产产品的定价机制非常复杂，房地产的价格不仅仅受实物状况、权益

状况的影响，还受相邻房地产的外部性以及配套设施的影响，市场交易主体对房地产的综合状况较难进行全面的把握，不能够利用已有的房地产交易数据的简单比较进行合理定价；房地产市场属于区域性的寡头垄断市场，市场交易信息不充分，产权交易往往需要较高的交易成本，包括搜寻信息的成本、协商与决策的成本、契约成本等事前交易成本和监督成本、执行成本等事后成本，复杂的定价机制和交易成本的存在，增加了房地产市场交易主体对房地产价格进行评定的难度。

2. 房地产市场的信息偏在与价格离散

信息是指在市场中存在，影响市场中供需主体经济活动的因素。在古典经济学中，信息的获得是不需要成本的，属于免费产品，因而不存在价格。市场完全信息的假设与现实的市场环境不相吻合，非对称信息是所有产品市场所共有的特征。在信息不完全的市场中，价格对供求变动的反映是不灵活的，市场价格出现离散。与一般的当期消费品不同，房地产市场的信息不对称程度更高，这主要是因为房地产产品交易的非集中性和交易的私密性。房地产的位置固定，决定了房地产交易不可能形成集中化的市场，市场交易的非集中化也导致价格分散的程度。在房地产市场中，卖方掌握较全面的产品质量和市场信息，而买方处于信息劣势的地位，房地产市场属于信息偏在的市场，这种性质使房地产市场成为信息传递效率偏低的市场，信息传递不畅加剧了价格离散的程度。

3. 房地产价格的动态波动

房地产具有生产资料、生活必需品、投资品的多重属性。房地产价格受到宏观经济因素、区域因素、社会因素以及人们的心理预期的影响，经常处于波动之中。房地产需求在外部因素的冲击作用下，在短时期内会发生变动，而供给具有滞后性，房地产供给的时滞效应，导致房地产价格的波动幅度较大。房地产价格的正常波动是需求和供给相互作用的结果，但是，在房地产市场上，投机需求的存在，将会加剧房地产价格的波动。影响投机需求的主要因素之一是消费者的非理性预期。

在经济理论中，预期是指从事经济活动的人，在进行经济决策和经济活动之前，对未来的经济形势及其变化，主要是市场供求关系和价格变动趋势所做出的一种估计和判断。预期分为静态预期、非理性预期、适应性预期和理性预期。

静态预期是假定经济活动的主体完全按照过去已经发生过的情况来估计和判断未来的经济形势，在传统的蛛网理论中，生产者对未来价格的预期完全按照当前市场的价格，进而决定其下期生产的产品数量，就是静态预期。

非理性预期或者称为外插型预期，假定经济形势是变化莫测的，人们无法预知经济发展的前景，预期的形成缺乏可靠的基础，容易受个人情绪的支配，预期不受有关经济变量与政策变量的影响。

适应性预期理论强调，经济活动主体的预期并不是独立于其他经济变量的某种心理状态，而是以他们过去的经验和客观的经济活动变化为基础的，人们可以利用过去的预期误差来修正现在的预期。适应性预期的一个特点，就是考虑前期实际价格与预期价格的差距，进行现期的价格预期，形成反馈型预期机制。

理性预期理论认为，经济活动的主体可以充分有效地利用一切有关的、可以获得的市场信息，并且对可获得的信息进行理智的分析，在经济决策时不仅仅依靠过去的经验和经济的变化；同时，经济主体还会对政府的政策变化进行分析，并运用于经济决策中。

由于交易的分散、市场的非集中性与私密性，房地产市场属于信息传递效率偏低的市场，在房地产市场上，信息的搜集需要较高的实施成本，房地产市场主体不可能掌握市场的全面信息，对房地产的供给、需求及其价格的变动不可能形成"合理"的预期。

在房地产市场上，市场主体在信息不充分的情况下，往往根据市场现在或者过去的供给、需求、价格来形成未来价格的预期，当房地产市场上价格上涨时，大多数消费者会预期未来的价格会同样上涨，价格下降时会预期未来价格下降，这种预期可以称为近视价格预期，也就是经济学理论中所说的非理性预期。市场中存在非理性预期，当房地产近期价格上涨时，消费者购买房地产资产，并非考虑资产的价值是多少，而是预期将来有人会以更高的价格来购买房地产，如果市场上存在着大量的投资者，并且形成同向预期，会导致市场需求在短期内大幅度地增加，从而导致房地产价格脱离其市场基础价值，出现房地产价格泡沫。

4.房地产经济活动的现实需要

随着我国房地产市场的建立，房地产经济活动已经成为企业、组织、个人等主要的经济活动之一。由于房地产的特殊性、耐久性、保值增值特性和固定性，房地产经济活动非常复杂，不仅包括房地产的买卖，还包括土地使用权的出让、转让；房屋的租赁、抵押、保险、典当，房地产的课税等;在企业的经营中还存在企业的合并、兼并、破产清算、以资产入股、企业上市、改制、房地产纠纷等其他经济活动。不同的经济活动需要根据具体的要求,对房地产的价格进行评估。具体而言,主要涉及以下几个主要方面:

(1)房地产产权让渡:由于房地产的固定性,房地产的交易并不是实物的流动,而是房地产产权在不同的主体之间的转移。产权在转移时,涉及在企业之间、企业和个人之间、个人与个人之间的转移;在土地使用权的转移中,根据我国现行的《土地管理法》的基本内容,通过土地一级市场实现了土地使用权和所有权的分离,在土地一级市场,城市政府作为土地的所有者,出让一定期限的土地使用权,需要确定合理的出让价格;在土地二级市场,土地使用权在不同的使用主体之间转移,同样需要根据土地市场的供求状况合理确定转让价格;在产权交易市场,由于房地产的差异化程度非常高,不存在统一的价格,房地产价格经常处于波动之中,因此,需要对房地产价格进行评估。

(2)房地产拆迁补偿:随着我国经济的转轨,工业化、城市化的进程加快,大中城市因其强大的集聚辐射效应,吸引了大量的人口,这极大地增加了对住房的需求。住房需求的增加，引致了土地的需求，城市土地资源日益紧张，土地原有的非集约利用方式不能满足人口增加对房地产的需求。为了避免城市的无序向外蔓延、拓展和占用大量农用耕地，保护我国农用耕地，稳定粮食供应，对城市存量土地的集约利用，成为优化的替代措施。我国城市政府在经济发展的过程中，加快了城市更新和城市动拆迁的进程，根据我国相关的法律、法规以及相关条例的规定，城市政府作为城市动拆迁的主体，对被拆迁的企业、个人和组织给予相应的合理补偿，对于补偿额度的确定，就需要合理地对原有的被拆迁房屋的市场价格进行评估。

（3）房地产抵押、典当：房地产作为跨期消费品，具有耐久期长、保值、增值、抵御通货膨胀的能力，房地产作为资产可以通过抵押获取商业银行的贷款，金融机构为了确定抵押房地产的贷款额度，降低贷款风险往往需要对抵押的房地产价格进行评估，这需要专业的评估机构和评估人员对价格进行合理测定。房地产的典当同样是为了其他经济活动而进行的融资。典当的融资形式和抵押有所不同。出典人将自己拥有的房地产给予其他人使用、收益，以获得资金，但是保留房地产的产权，以后有支付能力时再重新以原价收回房地产。典权人通过支付典价获得一定期限的房地产的使用和收益的权利。当典权期届满，出典人没有经济能力赎回房地产时，典权人可以获得房地产产权。在典当过程中，为了合理地确定典价，同样需要进行评估。

（4）房地产保险：虽然土地作为大自然的馈赠物是不可灭失的，但是地上的建筑物，在自然灾害和人为因素的作用下，可能会被破坏或者损毁。当地上建筑物遭受多种不可预见因素的作用被破坏时，产权的拥有者会蒙受不同程度的损失，为了获得损失补偿，房地产产权拥有者往往将其拥有的房地产加入商业保险，一旦投入保险的房地产遭受破坏，在确定保险赔偿额度时，需要对房地产价格进行评估。

（5）房地产税收：房地产税收在税收体系中占有重要的地位，房地产作为一种在物质形态上显化的资产，历来是国家和政府征税的重要税源。各国涉及房地产的税种较多。如在我国，包括耕地占用税、城镇土地使用税、土地增值税、房产税、契税、营业税、个人所得税和印花税等。虽然在我国相关的房地产税，有的是实行定额税率、幅度定额税率、原价税率、累进税率等不同的形式，但是，随着我国税收制度的不断改革和完善，从价税将是我国房地产税收的发展方向。西方国家所征收的财产税、房产税等一般采用从价税，也就是按照市场价格征税。为了国家和政府征税的需要，通过政府征税调整国民收入初次分配的不公平,需要确定合理的税基,因而需要对房地产的市场价格进行测定。

(6)企业的合并、兼并、破产清算、合资、合作以及承包等经济活动:土地和房地产作为重要的资产,在企业的经济活动中具有重要的作用。房地产租金和价格的高低影响企业的产出价格,从而决定企业的市场竞争力。在企业的合并、兼并、合资和承包经营活动中,有的企业以所拥有的房地产作为合作经营的投入,因此涉及资产的投入和占用问题,涉及合作企业在投资中所占的份额,为了明确合作企业不同参与方所占的份额,需要进行估价;另外,企业的破产、清算同样需要对企业所属的房地产进行价值评估。

第二章 房地产价格

第一节 房地产价格概述

一、房地产价格的含义

房地产价格是和平地取得他人房地产所必须付出的代价。房地产的价格通常以货币形式表示,但也可以用实物、无形资产或其他经济利益等非货币形式来偿付。房地产价格的形成需要具备以下三个条件。

1. 有用性

一种物品有用是指它能够满足人们的某种需要,经济学上称为有使用价值。没有使用价值的物品不会被交换的对方所接受,也就不能成为商品,不会有交换价值。由于房地产有居住等效用,人们就会产生占有的要求或欲望,愿意花钱去购买或租赁它,因而它具有价值及价格。

2. 稀缺性

物品的稀缺性是由供给有限和需求增长之间的矛盾产生的。这里的稀缺是相对的，并非意味着它难以得到，而是它的数量不能够使每个人都能自由取用，必须付出代价才能得到。房地产显然是一种稀缺物品。

3. 有效需求

所谓需求是购买或租用物品和服务的欲望和能力。有效需求是指有购买力支撑的需求。有购买欲望但无支付能力，或者有支付能力但不想购买，都不能使购买行为发生，不能使价格成为现实。因此，只有有效需求才是市场所考虑的需求。如甲、乙两个家庭都需要一套120 m² 的住房，当面对一套120 m²、总价100万元的住房时，甲家庭有支付能力而乙家庭没有支付能力，在这种情况下，甲家庭对该住房的需求是有效需求，而乙家庭则不是。

二、房地产价格的特性

房地产价格具有普通商品的一般属性，表现在它是价值的货币表现，受供求关系的影响而有波动；按质论价（优质高价，劣质低价）。但由于土地具有不同于一般物品的特殊属性，使得房地产的价格表现出独具的特性。

其主要表现在以下几个方面。

1. 房地产价格与区位关系密切

房地产由于不可移动，其价格与区位密切相关。在其他状况相同的情况下，区位好的房地产，价格就高；区位差的房地产，价格就低。零售商业用途的房地产尤其如此，有"一步差三市"之说。从一个城市来看，房地产价格总体上是从市中心向郊区递减。一些特殊的公共服务设施的存在，也会导致房地产价格高昂，如好的中小学附近的住房价格，交通站点或交通沿线附近的房地产价格，也会明显高于其他位置的房地产价格。

2. 房地产价格实质上是房地产权益的价格

房地产是不动产，其物权的设立、变更、转让和消灭要依照法律规定进行登记，因此，房地产在交易中转移的不是其实物，而是权益，包括其所有权、建设用地使用权或其他权利。实物状况相同的房地产，权益状况可能千差万别，甚至实物状况好的，由于权益较小或权利受到过多限制，如土地剩余期限很短，或权属有争议的，则价格较低；相反，实物状况差的，由于权益较大，如产权清晰、完全，则价格可能较高。因此，从这种意义上来讲，房地产价格实质上是房地产权益的价格。

3. 房地产价格同时存在买卖价格和租赁价格

房地产由于价值较大、寿命长久，所以同时存在着买卖和租赁两种交易方式、两个市场。有的公寓、商铺、写字楼等类房地产，甚至以租赁为主。因此，房地产同时有两种价格：一是其本身有一个价格，即买卖价格，通常简称价格；二是使用一定时间的价格，即租赁价格，通常简称租金。房地产的广义价格包括买卖价格和租赁价格，狭义价格仅指买卖价格。

4. 房地产价格容易受交易者的个别情况影响

房地产由于具有独一无二的特性，且不能搬到同一处进行比较，要认识房地产只有亲自到实地查看；而且由于房地产价值较大，相似的房地产一般只有少数几个买者和卖者，所以，房地产价格通常随交易的需要而个别形成，并容易受买卖双方个别情况的影响。如双方的议价能力，卖方是否急需现金，买方的偏好等都可能影响成交价格。

5. 房地产价格形成的时间通常较长

房地产因为具有独一无二的特性，相互之间难以比较，加上价值较大，人们对房地产交易通常是很谨慎的，所以房地产交易价格一般难以在短时间内达成。

第二节 房地产价值和价格的种类

房地产价值和价格的种类繁多，名称也不一致。为了有助于比较和理解，下面遵照彼此相关的原则，将常用的房地产价格或价值进行分组介绍。

一、常用的房地产价格

1. 成交价格

成交价格是在成功的交易中买方支付和卖方接受的金额。成交价格是已经完成交易事实的价格，也是个别价格，通常随着交易者的情况不同而不同。成交价格可分为正常成交价格和非正常成交价格。正常成交价格是指交易双方在公开市场条件下，信息畅通、平等自愿、诚实无欺、无利害关系下进行交易所形成的价格；反之，则为非正常成交价格。

2. 市场价格

市场价格是某种房地产在市场上的平均交易价格。一般商品的市场价格，通常是其大量成交价格的平均价格，如其平均数或中位数、众数等。而房地产由于具有独一无二性，没有相同房地产的大量成交价格,所以房地产的市场价格是以一些类似房地产的成交价格为基础的平均价格,在求取平均数之前要剔除偶然的和不正常的因素造成的价格偏差,并消除由于房地产之间的状况不同而造成的价格差异。

3. 理论价格

理论价格是在真实需求与真实供给相等的条件下形成的价格。在经济学里有许多词来表达它,如价值、内在价值、自然价值、真实价值等。在正常市场状况下,市场价格基本上围绕着理论价格上下波动,不会偏离太远。但在市场参与者普遍不够理性的情况下,市场价格可能会较大幅度、较长时期偏离理论价格,如在投机性需求带领下或在非理性预期下可能形成不正常的过高价格。

一般而言,成交价格围绕着市场价格上下波动,而市场价格又围绕着理论价格上下波动。

4. 评估价值

评估价值是通过房地产估价活动得出的估价对象价值或价格。评估价值可以根据估价方法的不同而有不同的称呼,如采用比较法测算得出的结果称为"比较价值",采用收益法得出的结果称为"收益价值",采用成本法得出的结果称为"成本价值",采用假设开发法得出的结果称为"开发价值"。

评估价值虽然不是事实价格，但与成交价格却有着密切的关系，房地产交易当事人往往需要专业的估价机构为其提供价格参考依据，有时评估价值就是成交价格。

值得注意的是，由于估价师的专业知识、经验、职业道德等情况不同，不同的估价师对同一宗房地产得出的评估结果往往不同，但这种差异不应太大，应在合理的误差范围内。

从理论上讲，一个良好的评估价值＝正常成交价格—市场价格。

二、市场价值和非市场价值

1. 市场价值

市场价值是指估价对象经适当营销后，由熟悉情况、谨慎行事且不受强迫的交易双方，以公平交易方式在价值时点自愿进行交易的金额。具体如下：

（1）适当营销：估价对象以适当的方式在市场上进行了展示，展示的时间长度可能随着市场状况而变化，但足以使估价对象引起一定数量的潜在买者的注意。

（2）熟悉情况：买方和卖方都了解估价对象并熟悉市场行情，买方不是盲目地购买，卖方不是盲目地出售。

（3）谨慎行事：买方和卖方都是冷静、理性、谨慎的，没有感情用事。

（4）不受强迫：买方和卖方都是出于自发需要进行交易的，买方不是急于购买，卖方不是急于出售，同时，买方不是被迫地从特定的卖方那里购买估价对象，卖方不是被迫地将估价对象卖给特定的买方。

（5）公平交易：买方和卖方都是出于自己利益的需要进行交易的，没有诸如亲友之间、母子公司之间、业主与租户之间等特殊的关系，不是关联交易。

市场价值是多数估价项目需要评估的价值类型，是最基本、最重要、最常用的一种价值类型。

2. 非市场价值

非市场价值是指不符合市场价值形成的一个或多个条件而形成的价格或金额。非市场价值主要有投资价值、谨慎价值、快速变现价值、现状价值和残余价值。

（1）投资价值：估价对象对某个特定单位或个人的价值。投资价值是对特定的投资者而言的，是建立在主观的、个人因素基础上的价值。投资价值因投资者的不同而不同。

同一房地产之所以对不同的投资者有不同的投资价值，是因为不同的投资者可能优势不同，风险偏好不同，对未来房地产市场的预期不同等。这些因素都会影响投资者对该房地产未来收益和风险等的估计，从而影响投资者对该房地产价值的估计。

投资行为能够实现的基本条件是投资者评估的房地产的投资价值大于或等于该房地产的价格。当房地产的投资价值大于该房地产的价格时，说明值得投资；反之，说明不值得投资。

（2）谨慎价值：房地产存在不确定因素的情况下，遵循谨慎原则评估出的价值。如为防范房地产信贷风险，评估的房地产抵押价值即为谨慎价值。谨慎价值通常低于市场价值。

（3）快速变现价值：估价对象在没有充足的时间进行营销情况下的价值。由于房地产是长期考虑形成的价格，如果在较短时间内变现，则最可能的价格就较低。如卖者因某种原因急于脱手房地产而要求评估的价值即为快速变现价值。快速变现价值通常低于市场价值。

（4）现状价值：估价对象在某一特定时间的实际状况下的价值。实际状况包括当前的用途、规模和档次等。

实际状况下房地产存在多种利用的可能，其现状价值也就有多种可能。如果估价对象是最高最佳利用，此时现状价值等于市场价值；如果不是最高最佳利用，此时现状价值低于市场价值。如果估价对象是合法利用，则现状价值一般低于市场价值；但如果不是合法利用，现状价值可能高于市场价值。如临街住宅楼的底层住宅擅自改为商铺,该底层住宅的现状商业用途的价值,通常高于法定居住用途的市场价值。

(5)残余价值:估价对象在非继续利用情况下的价值。如某个针对特定品牌进行了特色装饰装修的餐厅,当不再作为该品牌的餐厅继续经营而出售时,则该特色装饰装修不仅不会增加该房地产的价值,反而会降低该房地产的价值,因为该特色装饰装修对该餐厅的买者没有用处。残余价值一般低于市场价值。

三、买卖价格、租赁价格、抵押价值、保险价值、计税价值和征收价值

1. 买卖价格

买卖价格也称销售价格,是指房地产权利人将其合法的房地产转移给其他人时所收取的报酬。

2. 租赁价格

租赁价格通常称为"租金",是房地产权利人将其房地产出租给他人使用而收取的报酬。

3. 抵押价值

抵押价值是估价对象假定未设立法定优先受偿权下的价值减去注册房地产估价师知悉的法定优先受偿款后的价值。

法定优先受偿款是假定在价值时点实现抵押权时，已存在的依法优先于本次抵押贷款受偿的款额，包括已抵押担保的债权数额、发包人拖欠承包人的建设工程价款、其他法定优先受偿款。

抵押价值的计算公式如下：

抵押价值＝未设立法定优先受偿权下的价值－法定优先受偿款

＝未设立法定优先受偿权下的价值－已抵押担保的债权数额－拖欠的建设工程价款－其他法定优先受偿款

如果将已抵押的房地产再次抵押，其抵押价值称为再次抵押价值。其计算公式如下：

再次抵押价值＝未设立法定优先受偿权下的价值－已抵押贷款余额/社会一般贷款成数－拖欠的建设工程价款－其他法定优先受偿款

4. 保险价值

保险价值是指为保险目的而评估的价值。它通常是在房地产投保时，为确定保险金额提供参考依据而评估的价值。评估保险价值时，估价对象的范围应视所投保的险种而定。

5. 计税价值

计税价值是指为征税目的而评估的价值。它通常为税务机关核定计税依据提供参考而评估的房地产价值。具体的计税价值多少，要视税收政策而定。

6. 征收价值

征收价值是为国家征收房地产确定补偿金额提供参考而评估的被征收房地产的价值。

四、完全产权价值、无租约限制价值、出租人权益价值和承租人权益价值

1. 完全产权价值

完全产权价值是指房屋所有权和以出让方式取得的建设用地使用权在不受任何其他房地产权利限制情况下的价值。

2. 无租约限制价值

无租约限制价值是房地产在不考虑租赁因素影响情况下的价值。其评估价值为未出租部分和已出租部分均按市场租金确定租金收入所评估的价值。

3. 出租人权益价值

出租人权益价值是出租人对自己的已出租房地产依法享有的权益的价值。其评估价值为已出租部分在租赁期间按合同租金确定租金收入，未出租部分和已出租部分在租赁期间届满后按市场租金确定租金收入所评估的价值。

4.承租人权益价值

承租人权益价值是承租人对他人所有的已出租房地产依法享有的权益的价值。其评估价值为按合同租金与市场租金的差额所评估的价值。

五、总价格、单位价格、楼面地价

这是一组按照房地产价格的表示单位划分的价格。

1.总价格

总价格简称总价，是指房地产整体的价格。总价格所涵盖的房地产范围很广，既可以是一宗土地的总价格，也可以是一宗建筑物的总价格，或是一宗房地产的总价格，也可以是一个区域全部房地产的价格。房地产的总价格一般不能反映房地产价格水平的高低。

2.单位价格

单位价格简称单价，是指分摊到单位面积的房地产价格。土地单价是指单位土地面积的土地价格，建筑物单价是指单位建筑面积的建筑物价格，房地单价是指单位建筑面积的房地价格。房地产单位价格一般可以反映房地产价格水平的高低。

3. 楼面地价

楼面地价是一定地块内分摊到单位建筑面积上的土地价格。楼面地价与土地总价的关系为：

$$楼面地价 = \frac{土地总价}{总建筑面积}$$

因为总建筑面积 = 容积率 × 土地总面积，所以，楼面地价与土地单价、容积率的关系为：

$$楼面地价 = \frac{土地单价}{容积率}$$

六、名义价格和实际价格

1. 名义价格

名义价格是能直接观察到的、表面的价格。对不同的付款方式来说，名义价格是在成交日期注明，但不是在成交日期一次性付清的价格。

2. 实际价格

实际价格一般不能直接观察到，要在名义价格的基础上进行计算才能得到。在不同的付款方式下，实际价格是在成交日期一次性付清的价格，或者折现到成交日期一次性付清的价格。

七、现房价格和期房价格

这是一组按照房地产存在时间划分的价格类型。

1. 现房价格

现房价格是以建造完成建筑物的现状房地产为交易标的的价格。

2. 期房价格

期房价格是以目前尚未完成而在将来建造完成后的建筑物及其占用的土地为交易标的的房地产价格。

在同等品质下，期房价格低于现房价格。以可出租的公寓来看，买现房可以随即出租，能够取得租金收入；而买期房却不能取得租金收入，而且存在风险，如未能按期交房，或者房屋的品质较差，甚至出现"烂尾"。所以，期房价格与现房价格的关系是：

期房价格＝现房价格－预期从期房达到现房期间现房出租的净收益的折现值－风险补偿

八、基准地价、标定地价、补地价和房屋重置价格

这是一组按照《中华人民共和国城市房地产管理法》规定应当定期确定并公布的房地产价格，都是评估价值。

1. 基准地价

基准地价也称城镇基准地价，是指在城镇规划区范围内，对现状利用条件下不同级别或不同均质地域的土地，按照商业、居住、工业等用途，分别评估确定的某一估价期日的法定最高年期土地使用权区域平均价格。

2. 标定地价

标定地价是政府根据管理需要，评估某一宗地在正常土地市场条件下于某一估价期日的土地使用权价格。它是该类土地在该区域的标准指导价格。

3. 补地价

补地价是指建设用地使用权人，因改变国有建设用地使用权出让合同约定的土地使用条件，应向国家缴纳的土地使用权出让金、租金、土地收益等。简而言之，补地价是用地者应向国家补交的地价。

4. 房屋重置价格

房屋重置价格是不同区域、不同用途、不同建筑结构、不同档次或等级的房屋，在某一基准日期开发建设所发生的必要支出及应当获得的利润。估价对象房屋价值，可以通过对房屋重置价格进行比较、调整来求取。

九、市场调节价、政府指导价和政府定价

这是一组与政府对价格管制或干预的程度有关的价格。

1. 市场调节价

市场调节价是指由经营者自主制定、通过市场竞争形成的价格。对于实行市场调节价的房地产，因经营者可以自主制定价格，所以应依据市场供求状况进行估价。

2. 政府指导价

政府指导价是指由政府价格主管部门或者其他有关部门，按照定价权限和范围规定基准价及其浮动幅度，指导经营者制定的价格。对于实行政府指导价的房地产，因经营者应在政府指导价规定的幅度内制定价格，所以估价结果不得超出政府指导价规定的幅度。

3. 政府定价

政府定价是指由政府价格主管部门或者其他有关部门，按照定价权限和范围制定的价格。对于实行政府定价的房地产，因经营者应执行政府定价，所以估价结果应以政府定价为准。如在城镇住房制度改革中，出售公有住房的标准价、成本价就属于政府定价。

十、起价、标价和均价

1. 起价

起价是指所销售商品房的最低价。这个价格通常是楼层、朝向、户型最差的商品房价格，甚至是虚设的价格。

2. 标价

标价是商品房出售者在其"价目表"上标注出售的价格，即卖方的要价。

3. 均价

均价是所销售商品房的平均价格，包括标价的平均价格和成交价的平均价格，后者可以反映所销售商品房的总体水平。

第三节 房地产价格的影响因素

房地产价格的高低是众多因素共同作用的结果，这些因素被统称为房地产价格的影响因素，这些因素可以分为两大类。

一、房地产自身因素

所谓房地产自身因素，是指房地产的区位因素、实物因素和权益因素。自身因素直接关系到房地产价格的高低。

1. 区位因素

区位是指一宗房地产与其他物质实体在空间方位和距离上的关系。房地产的区位不同，价格会有很大的差异。尤其是城市土地，其价格的高低几乎为区位优劣所左右。当房地产的区位由劣变为优时，房地产的价值会上升；反之，其价值会下降。

在一般情况下，如果房地产处于经济活动的中心、要道的通口，或者所处地段行人较多、交通流量较大、环境较好、基础设施和公共服务设施较完备，此处房地产的价格一般较高；反之，价格一般较低。具体来讲，居住房地产的区位优劣，主要看其位置、交通条件、生活服务设施、教育配套设施、环境质量等；商业房地产的区位优劣，主要看其地段繁华程度、交通条件、临街状况、楼层等；办公房地产的区位优劣，主要看其集聚程度、交通条件、周边环境、楼层等；工业房地产的区位优劣，主要看其交通条件、基础设施、地理位置等，要重点考虑是否有利于原料和产品的运输，易于取得动力和便于废料处理。

房地产的区位不仅包括自然地理位置，还包括社会经济位置。城市规划、交通和其他城市建设的改变，可能会使房地产的社会经济位置发生改变。

房地产区位因素可分为位置、交通条件、周围环境和景观、外部配套设施等。

（1）位置：位置主要体现为方位、与相关场所的距离、朝向和楼层等。

1）方位：分析一宗房地产的方位，首先考察该宗房地产在某个较大区域中的位置，是位于城市的上风、上游地区还是下风、下游地区；其次考察该宗房地产在某个较小区域中的位置，是位于十字路口的哪个角、位于街道的哪一侧等。同一街道的商业房地产，向阳面与背阳面不同，价格会有所差异。

2）距离：房地产与相关场所的距离对其价格有较大影响。如与市中心、交通干线、购物中心、学校、医疗等重要场所的距离越近，房地产的价值越高；反之，则低。

3）朝向：住宅的朝向主要影响采光和通风。一般认为"南方为上，东方次之，西方又次之，北方不良"，因此，住宅最好是坐北朝南。当然，如果住宅北向面对的是美丽的山景、海景时，其价格往往比同楼层的其他朝向高。

4）楼层：楼层影响采光、景观、噪声、便捷、安全等。住宅楼层的优劣通常是按照总楼层数和有无电梯来区分。一般而言，没有电梯的传统多层住宅的中间楼层最优，顶层较差。有电梯的中高层住宅，楼层越高,景观及空气质量越好,价格越高。对商业用房而言,楼层更是重要因素,不同楼层之间价值差异很大。通常情况下位于底层的商业用房的价值要高于其他楼层的商业用房。

(2)交通条件:交通条件对房地产价格的影响,可分为道路状况、交通工具、交通管制情况等。对居住房地产而言,交通条件主要指城市公共交通的通达程度,如估价对象附近是否有通行的公共汽车、电车、地铁等;而工业企业通常需要大量运进原材料及燃料、运出产品,需要满足相应的公路、铁路和水运等交通条件,如需要与公路交通干线相邻,要有通航河道且有专用码头等。

(3)周围环境和景观:周围环境主要包括绿化环境、自然景观、空气质量、噪声程度、卫生条件等。不同房地产对周围环境的要求不同,如商业房地产要求周围环境繁华热闹,居住房地产要求周围环境优美幽静,商务办公房地产要求周围环境整洁气派等。另外,房地产所在地区的绿地率、容积率、建筑密度、建筑间距等对房地产价格也有影响。

(4)外部配套设施:外部配套设施对住宅价格的影响较大。其中生活服务设施包括商店、超市、菜市场、银行、邮局等,教育配套设施包括中、小学和幼儿园、托儿所等。如住宅周边有高质量的名校、医院、购物中心等,房地产的价格就高;反之,则低。

2．实物因素

（1）土地的实物因素：土地的实物因素包括土地的面积、形状、地势、地形、土壤、地基、土地开发程度等。

1）面积：两块位置相当的土地，如果面积相差较大，它们的单位价格会有差异。一般而言，土地面积过小则不利于经济使用，故单价较低；而土地面积过大，单价也可能较低。因为面积较大，总价较高，会减少购买者的数量。而且如果面积过大，通常还要拿出较多的土地用于道路等基础设施建设，从而会减少可利用土地的面积。

2）形状：土地形状是否规则，对地价也有影响。形状规则的土地主要是指正方形、长方形的土地。形状不规则的土地不能有效利用，其价格一般要低于形状规则的土地。

3）地势：在其他条件相同时，地势高的房地产价格高于地势低的房地产价格，因为地势低不仅易潮湿、积雨水，而且会影响建筑物的气势和可视性。气势和可视性对写字楼和商铺很重要。

4）地形：地面的平坦程度等会影响房地产的开发建设成本、利用价值及景观，从而影响其价格。土地平坦价格则高；反之，则低。但如果土地过于平缓，往往不利于地面水的汇集和排除。

5）土壤：如果土壤受到污染，则需要一定的处理费用，增加房地产的开发成本和消费成本，因而会降低地价或房价。

6）地基：指地基的承载力、稳定性、地下水位等。对建设用地来说，地质坚实，承载力较大，有利于建筑使用，地价就高；反之，则低。

7）土地开发程度：一宗土地的周围基础设施完备程度和场地平整程度，对其价格的影响显而易见：完熟程度高的地价高于完熟程度低的地价。基础设施完熟程度依次为"三通一平""五通一平"和"七通一平"。

（2）建筑物的实物因素：建筑物的实物因素包括建筑规模、外观、建筑结构、设施设备、装饰装修、层高和室内净高、空间布局、防水保温、维修养护情况及完损程度等。

1）建筑规模：建筑物的面积、体积、开间等规模因素，影响建筑物的形象、使用性，对房地产价格也有所影响。规模过小或过大，都会降低其价值。

2）外观：建筑物外观包括建筑高度、体量、造型、风格、色调等，对房地产价格尤其是商务办公房地产的价格影响较大。因为形象在商业活动中非常重要，而公司办公场所的形象则直接影响公司的形象，所以有良好外观形象的商务办公房地产会大大吸引实力强的企业。凡是建筑物外观新颖、优美,可给人以舒适的感觉,则价格就高;反之,外观单调、呆板甚至令人压抑,则价格就低。

3)建筑结构:由于不同结构建筑物的造价不同,稳固性和耐久性也不同,因此不同结构的建筑物的价值会有所不同,特别是在地震多发地区更是如此。

4)设施设备:建筑物的设施设备是否齐全、完好,对其价值有很大影响。住宅的供水、排水、供电、供气设施的完善程度,小区智能化程度,通信、网络等线路的完备程度,公用电梯的设置及质量等都会对住宅价格产生影响;写字楼的设施设备更加重要,主要包括给排水、电气、暖通、消防、动力、通信、运输、电子等设备设施。这些设备设施是否齐备、是否高效运行都是影响商务办公房地产价值的重要因素。一般而言,设施设备齐全、完好的建筑物价值高;反之,则低。

5)装饰装修:对同类房地产而言,装修精度越高,价格越高。对新建住宅而言,装饰装修对其价格会产生较大的影响。一些大型的综合商场、品牌经营商场等装饰装修在商业房地产的价值中往往占有很大分量;商务办公房地产大堂的外观、平面设计和灯光布置等往往是其特色的综合体现。当然,只有适合人们需要的装饰装修,才会提高房地产价值。

6）层高和室内净高：层高或净高要有合适度，过低则使人感觉压抑，不利于经营，从而降低其价值；若超过合适的高度，建筑成本会提高，而且增加能源消耗，从而也会降低建筑物的价值。

7）空间布局：一般而言，房地产平面布置合理、交通联系方便、有利于使用的，价值就高；反之，则低。对住宅来说，空间布局要看功能分区是否合理，使用是否方便；对商业房地产要看是否有利于柜台、货架等的布置，是否有利于购物人流进出等。

8）建筑物防水、保温、隔热、隔声、通风、采光、日照等方面是否良好，对房地产价格有一定影响。

9）维修养护情况及完损程度：建筑物维修养护情况好、完好度高的，价值就高；反之，则低。

3. 权益因素

一宗房地产所拥有的权益及其所受的限制，对其价值有重大影响。房地产权益因素包括房地产的权利状况、使用管制和相邻关系。

（1）权利状况：包括所有权、使用权、地役权、抵押权、租赁权等，这些权利是否完整、清晰，对房地产价值有一定影响。如土地设置了地役权，则供役地在给他人方便时，可能会降低该地的价值。

（2）使用管制：包括政府对农用地转为建设用地的管制，城市规划对土地用途、容积率、建筑高度、建筑密度、绿地率等的限制。使用管制对房地产价格尤其是土地价格有很大的影响。

（3）相邻关系：相邻关系不仅要求房地产权利人应为相邻权利人提供必要的便利，如排水、通行等便利，而且不得损害相邻房地产和相邻权利人的权利，如不得妨碍相邻建筑物的通风、采光，不得危及相邻房地产的安全等。房地产相邻关系对价格有一定的影响。

二、房地产外部因素

房地产外部因素包括人口因素、制度政策因素、经济因素、社会因素、国际因素、心理因素等。

1. 人口因素

人口是决定住宅、商业等房地产需求量的一个基础因素，人口数量、家庭人口规模、人口素质等状况对房地产价格有很大的影响。如果该地区人口数量增加、家庭数量增多、人们的文化教育水平和文明程度较高，则该地区的房地产价格会上涨；反之，则会下降。

2. 制度政策因素

制度政策因素包括房地产制度政策、税收制度政策、金融制度政策，还包括相关的规划和计划等。其中，房地产制度政策包括房地产的所有制、使用制、交易管理制度及价杆、政策等；税收制度政策包括采取新开征、暂停征收、恢复征收、取消征收、提高或降低税率等；金融制度政策主要指房地产信贷政策，如控制房地产开发贷款，上调贷款利率，提高最低购房首付款比例等；相关的规划和计划包括国民经济和社会发展规划、城乡规划、土地利用规划和计划、住房相关规划和计划等。这些因素都会影响房地产的价格上涨或下降。

3. 经济因素

影响房地产价格的经济因素主要有经济发展、居民收入、利率、汇率和物价等。

（1）经济发展：经济发展状况，影响就业、居民收入等，对房地产价格有一定的影响。反映经济发展的一个重要指标是国内生产总值（GDP），GDP增长说明社会总需求增加，预示着投资活跃、生产发展，会带动对厂房、写字楼、商店、住宅等的需求增加，由此会引起房地产价格上涨，尤其是地价的上涨。

（2）居民收入：居民收入水平及其增长状况，对房地产特别是对住宅的价格有很大影响。通常，居民收入的增加意味着人们的生活水平将随之提高，其居住与活动所需要的空间会扩大，从而会增加对房地产的需求，导致房地产价格上涨。

（3）利率：利率的升降对房地产价格有一定的影响，下面从不同的角度分别说明：

1）从房地产供给的角度看，利率上升会增加房地产开发的融资成本，进而会使房地产价格上涨；利率下降则会导致房地产价格下降。

2）从房地产需求的角度看，由于购买房地产特别是购买商品住宅通常要借助于贷款，所以利率的上升会加重房地产购买者的贷款偿还负担，从而会减少房地产需求，进而导致房地产价格下降；反之，利率下降则会导致房地产价格上涨。

3）从房地产价值是房地产预期净收益的现值之和的角度看，由于房地产价值与折现率负相关，而折现率与利率正相关，所以利率上升会使房地产价格下降，利率下降则会使房地产价格上涨。

4）从综合效应看，利率升降对房地产需求的影响大于对房地产供给的影响，从而房地产价格与利率负相关：利率上升，房地产价格会下降；利率下降，房地产价格会上涨。

（4）汇率：汇率是指一种货币折算成另一种货币的比率。在国际房地产投资中，汇率波动会影响房地产的投资收益。当预期某国的货币会升值时，就会吸引国外资金购买该国房地产，从而会导致其房地产价格上涨；相反，会导致其房地产价格下降。

（5）物价：通常情况下，房地产的价格随着物价的变动而变动。尤其是与建筑有关的"房地产投入要素"的价格上涨，会增加房地产的开发成本，从而引起房地产价格上涨。所谓"房地产投入要素"包括建筑材料、建筑构配件、建筑设备、建筑人工费等。从较长时期来看，房地产价格的上涨率高于一般物价的上涨率。

4. 社会因素

影响房地产价格的社会因素主要有政治安定状况、社会治安状况、城市化和房地产投机等。

政治不安定意味着社会可能动荡，这会影响人们投资、置业的信心；社会治安状况不好意味着人们的生命财产缺乏保障，这会造成房地产价格的低落；城市化意味着人口不断向城镇地区集中，造成对城镇房地产的需求不断增加，从而会带动城镇房地产价格上涨。

房地产投机是利用房地产价格在短期内的涨落变化而购买房地产获取差价利润的行为。房地产投机对房地产价格的影响可能出现三种情况：一是引起房地产价格上涨，二是引起房地产价格下跌，三是维持、稳定房地产价格。

当房地产价格不断上涨时，那些预计房地产价格还会上涨的投机者纷纷购买，哄抬价格，造成一种虚假需求，无疑会促使房地产价格进一步上涨；而当房地产价格不断下跌时，那些预计房地产价格还会下跌的投机者纷纷抛售房地产，则会促使房地产价格进一步下跌。但在某些情况下，房地产投机行为也有可能起着稳定房地产价格的作用：当房地产价格低落到一定程度时，投机者购置房地产，造成房地产需求增加；而在房地产价格上涨到一定程度时，投机者抛售房地产，增加房地产供给，从而平抑房地产价格。

5. 国际因素

国际因素主要有世界经济状况、国际竞争状况等。世界经济发展良好，一般有利于房地产价格上涨。特别是周边国家和地区的经济状况，对房地产价格有很大的影响；国际竞争激烈而采取低地价政策会降低房地产价格，但采取优惠政策则会导致房地产价格上涨。

6. 心理因素

影响房地产价格的心理因素主要有购买或出售房地产时的心态、个人的欣赏趣味或偏好、时尚风气。

第三章 房地产估价的基本知识

第一节 房地产估价的概念及其诠释

一、房地产估价的概念

对于房地产估价的概念,不同的国家在进行描述时,表达方式存在一定的差异,但是对这些概念进行梳理可知,概念的内涵是相同的。

比如,英国皇家特许测量师协会把房地产估价称为"Property Evaluation",对房地产估价的定义是"为特定的目的评估不动产之特定权益于特定时间之价值的艺术或科学"。上述定义强调房地产估价是在特定时间、为了特定目的对不动产权益进行的价值评估。

日本不动产鉴定协会把房地产估价称为"不动产鉴定评价",并从估价的过程角度对其进行描述,所谓房地产估价是指:"不动产鉴定士接受申请后,决定委托的内容,依据登记簿以及实测图等,进行实地调查;然后,以本次调查为基准,实施鉴定作业,以决定其适宜公正的价格；之后，发给经不动产鉴定师签名盖章的估价报告书，其估价报告书所记载内容，不仅裨益于当事人的正确判断，亦可作为具有公正适当价格的证明文件。"上述描述，虽然侧重于估价过程的阐释，但是把估价的从业人员、估价要求、评估价格进行了介绍。

在美国，通常把房地产估价定义为"Real Estate Appraisal"。房地产估价是指"在给定估价时点，对任何形式不动产价值进行评价的科学与艺术"。上述定义强调了估价的作业时间、评估对象等内容。

在我国，一般称为房地产估价，或者房地产评估。我国房地产估价师协会对房地产估价的定义是："指专业房地产估价人员根据估价目的，遵循估价原则，按照估价程序，选用适宜的估价方法，并在对影响估价对象价格的因素进行综合分析的基础上，对估价对象在估价时点的客观合理价格进行测算和判定的活动。"上述定义所做的阐释非常全面，既强调估价时点、估价目的、估价从业人员，又强调估价方法等内容。

在房地产经济活动中，虽然受各种因素的影响，如市场信息的偏在、交易双方的议价能力、交易目的的不同，价格会有所差异；也就是同一宗房地产在买卖、补偿、抵押等各种特定估价目的下，虽然最终成交价格有高有低，但客观上有一个能为当事人或社会普遍接受的价格，这就是估价对象房地产客观合理的价格。

房地产估价就是估价人员能够用严谨而又科学的估价理论和方法，将房地产客观合理的价格揭示出来。但房地产价格的影响因素又是复杂多变的，不是套用某些数学公式或者模型就能够计算出来的，而且估价人员主观估计也可能会出现误差，甚至带有一定的主观色彩。这就要求专业房地产估价人员必须具备相当程度的房地产估价理论知识和估价实践经验，以及一定的社会道德，将估价误差控制在合理的范围之内。由此可见，房地产估价不仅是一门科学，而且是一门艺术。估价从业人员应该对房地产价格影响因素进行全面的分析和研究，科学量化它们对房地产价格的影响，从而合理准确地评估房地产在特定时间、针对特定目的价格。

二、房地产估价对象

所谓房地产估价对象是指在估价实务中待估的房地产，这些房地产可能是土地，也可能是建筑物，抑或是土地和房屋形成的固定资产，或者不动产。

要评估的房地产究竟是土地还是建筑物，抑或是建筑物与土地合一，或是其中的某一部分，需要根据估价目的进行确定。估价目的不同，估价对象可能会有差异。例如，某一幢商业地产，如果估价目的是为产权交易提供价格参考，那么在估价时，土地和地上建筑物一块评估；如果估价的目的是保险的需要，由于土地在发生自然灾害时是不可灭失的，所以在此估价目的下，只需要评估地上建筑物的价值即可。除了要对估价对象的分类加以明确外，还要对估价对象的一些基本情况进行初步了解。若是土地，则需了解是生地、新开发土地，还是其上附有影响地价的附属建筑物的土地；若是单纯的建筑物估价，则要明确建筑物的含义，如为写字楼估价需了解是否包括其中配备的设备，为酒楼估价需要了解是否包括其中的家具等；如果是建筑物与土地合一的估价对象，需了解其建筑物是保存，还是将被拆除等。因此，如果对估价对象进行细分的话，可以分为：生地、毛地、熟地、建筑物、房地产。估价对象如图3-1所示。

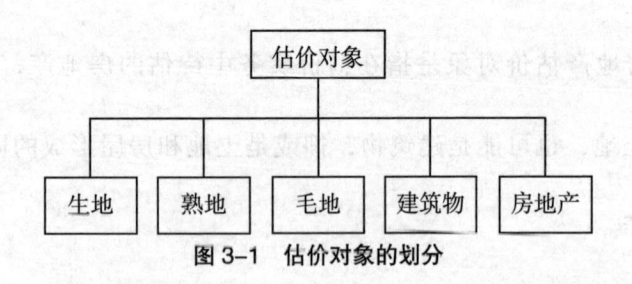

图3-1 估价对象的划分

所谓生地，是指已经完成土地使用权批准手续，也就是土地已经征用，但是还没有对土地进行开发，不具备建设用地开发条件的土地。

毛地是指已经对土地进行基础设施开发，具备"三通一平"，或者"七通一平"的条件，但是还没有完成地上的房屋拆迁以及补偿等工作的土地。

熟地是指已经进行基础设施开发，并且完成地上建筑物的拆迁和补偿，具备建设用地开发条件的土地。

三、房地产的客观合理价格或价值

房地产的客观合理价格或价值，是指基于估价时点，在正常交易情况下，某宗房地产出于某种估价目的所能实现的价格。在现代西方房地产估价文献中，通常称为市场价值或者公开市场价值。客观合理价格是在以下条件下，最可能实现的价格：①契约双方是自愿地进行交易，不存在强买或者强卖；②交易的目的是实现利益最大化，不存在关联交易；③交易双方具有一定的专业知识，并掌握较充分的市场交易信息；④交易双方有比较充分的时间进行交易，不存在急于出售或者急于购买的特殊情况；⑤抛除买方因为其他原因，对所购买的房地产具有特殊的偏好而存在的加价行为。

第一，契约双方必须是自愿进行交易，如果存在强买或者强卖的话，契约一方当事人在违背个人意愿的条件下，形成的价格往往偏低，在此情况下，对应的价格不属于客观合理的价格。

第二，交易的目的是实现合同当事人的利益最大化，合同当事人不存在关联；如果存在关联的话，所形成的价格也不是客观合理的价格。如家庭成员之间的交易，房屋产权在家庭成员之间进行让渡，一般情况下，让渡价格偏低。

第三，客观合理价格是指在房屋产权交易时，合同当事人对区域性的房地产市场信息具有较全面的了解，对交易的房地产的品质、微观区位有所把握，所形成的价格公平合理。

第四，假定房屋交易时间充分，不存在卖方因为特殊的原因，急于抛售房屋；或者买方因为特殊原因急于购买房屋。例如买方为了后代的教育，在教育设施比较好的学校附近买房，因为受到子女入学时间的限制，可能希望在较短的时间内达成交易，在此种情况下，所形成的价格往往偏高，因此，该交易价格不能反映房地产的合理价值。

第五，在房屋交易时，假定产权接受人，对所购买的房地产不存在特殊的偏好。如果存在特殊偏好的话，交易价格往往偏高，也不能反映房地产的客观合理价值。

总之，一宗房地产在市场上的实际成交价格，通常会随着时间的推移和房地产供求关系的变化以及交易双方的心态不同而经常变动。而房地产估价就是对估价对象房地产客观合理价格或价值的一种估算和判定，是为当事人提供公平可信价格的参考依据，它不等于房地产交易双方的实际成交价格。只要是估计就会有误差，但这种误差又不是无限度的，必须在一个合理范围内。

四、专业房地产估价人员

专业房地产估价人员是指经过房地产估价人员相应职业资格考试或认定、互认，取得相应职业资格证书并注册生效，专门从事房地产估价活动的人员。

作为合格的专业房地产估价人员，不仅要具有扎实的房地产专业知识，还要具有丰富的实践经验和良好的职业道德。对房地产估价师而言，为了对待估的房地产进行价格测定和评定，需要具有丰富的房地产方面的知识，同时需要长期从事房地产估价实务工作。具体而言，对估价师的要求是：

1. 扎实的房地产专业知识

要进行房地产估价，应当首先对构成房地产价格的要素以及影响房地产价格因素和波动的规律有充分的认识。因此，需要扎实的专业知识才能测算出客观合理的房地产价格。这些专业知识包括：房地产估价理论和方法、房地产相关政策、法规方面的知识。与房地产估价理论和方法相关的知识包括土地经济学、房地产经济学、房地产管理学、房地产开发经营、房地产市场、建筑、金融、统计、会计、城市规划、土地资源管理等多方面的知识。

2. 丰富的实践经验

房地产估价人员必须具有丰富的实践经验。在进行房地产估价时，对估价对象房地产要有充分的认识，否则不可能进行合理估价，所以专业房地产估价人员在调查资料时应具有收集、整理和组织等能力。估价的最后确定还需要专业人员的判断确认，一般的判断难以得到正确的估价结果。因此，专业房地产估价人员还需要有依据相关理论，对资料加以分析，综合比较，并进一步归纳演绎的判断推理能力。经验不足的估价人员常有偏重专业知识而做出不切合实际情况估价的现象。

因此，对房地产进行估价，还需要长期反复实践积累的熟练经验，在具有丰富实践经验的基础上，通过运用相关的理论知识，选用正确的估价方法，评估出房地产客观合理的价格。另外，房地产估价也是一门艺术，不能以一定方法进行套用，或者采用纯数学的方法进行计算，需要有实践经验加以配合。基于此，世界上许多国家和地区规定要成为估价师，不仅须具备相当的估价理论知识，还须具备一定年限的估价实践经验。

3. 良好的职业道德

估价人员除具备专业知识和丰富的实践经验外，更应具备良好的职业道德。房地产估价的职业道德，是从事房地产估价的估价人员和估价机构应遵守的行为准则或规范，主要包括以下六个方面：

（1）房地产估价从业人员应该公正、公平、客观、诚实，估价人员和估价机构不应以经济利益为导向，违反公平、公正原则，做任何虚假的估价；

（2）估价人员和估价机构应保持估价的独立性，必须回避与自己、亲属及其他有利害关系的估价业务；

（3）估价人员和估价机构如果由于自己的专业能力所限，而难以对房地产进行估价，则不应接受该项估价委托；

（4）估价人员和估价机构应妥善保管委托方的文件资料，未经委托方的书面许可，不得将委托方的文件资料擅自公开或泄露给他人；

（5）估价人员和估价机构应执行政府规定的估价收费标准，不得以不正当的理由或名目收取额外的费用，或降低收费标准，进行不正当的竞争；

（6）估价人员和估价机构不得将资格证书借给他人使用或允许他人使用自己的名义，不得以估价者身份在非自己估价的估价报告上签名、盖章。

在上面的要求条件中，具有扎实的房地产专业知识和丰富的实践经验，是对估价能力的要求；具有良好的职业道德，是对估价诚实程度的要求。仅有理论而缺乏经验，难以做出符合实际的估价；而仅有经验却缺乏理论，会只知其然而不知其所以然，难以对价格做出科学深入的分析，更加难以解决现实中不断出现的新的估价问题；即使兼备专业知识和实践经验的估价人员，如果缺乏良好的职业道德，评估出的价格也难以客观公正，严重的，甚至会借着"公正"的外衣扰乱市场秩序，甚至与委托人"合谋"侵害第三者的利益。

因此，上述三个要求条件缺一不可，专业房地产估价人员应具有扎实的专业知识，还必须具有丰富的评估经验，同时必须具有较高的职业道德。

第二节 房地产估价的目的

房地产估价的目的是指为何种需要而评估房地产，不同的估价目的，来源于对估价的不同需要。估价目的是指委托人将未来完成后的估价报告拿去做什么用，是为了满足何种涉及房地产的经济活动、民事行为或行政行为等的需要。估价目的不同，所采用的评估方法及具体操作过程也有所不同，导致估价结果也出现相应的差异。根据对房地产估价的需要，房地产估价目的可以体现在房地产抵押估价、房地产税收估价、房地产征收和征用估价、房地产拍卖和变卖估价、房地产分割和合并估价、房地产损害赔偿估价、房地产保险估价、房地产转让估价、房地产租赁估价、建设用地使用权出让估价、房地产投资基金物业估价、为财务报告服务的房地产估价、企业各种经济活动涉及的房地产估价、房地产纠纷估价以及其他目的的房地产估价等，具体如图3-2所示。现就不同估价目的下的估价及其要求分述如下：

房地产估价的目的
- 房地产抵押估价
- 房地产税收估价
- 房地产征收、征用估价
- 房地产拍卖、变卖估价
- 房地产分割、合并估价
- 房地产损害赔偿估价
- 房地产保险估价
- 房地产转让估价
- 房地产租赁估价
- 建设用地使用权出让估价
- 房地产投资基金物业估价
- 为财务报告服务的房地产估价
- 企业各种经济活动涉及的房地产估价
- 房地产纠纷估价
- 其他目的的房地产估价

图3-2 房地产估价的目的

一、房地产抵押估价

由于房地产属于价值量高的商品，房地产消费往往需要信贷的支持。房地产抵押是指债务人或者第三人不转移房地产的占有，将该房地产作为债权的担保，当债务人不履行到期债务或者发生当事人约定的实现抵押权的情形时，债权人有权依照法律的规定以该房地产折价或者以拍卖、变卖该房地产所得的价款优先受偿。上述债务人或者第三人为抵押人，债权人为抵押权人，提供担保的房地产为抵押房地产。

房地产属于不动产，具有长寿命周期、价值量大、保值增值的特性，是一种良好的可以用于提供担保的财产。在借贷等民事活动中，债权人为保障其债权的实现，一般会要求债务人或者第三人将其有权处分并且不属于法律法规规定不得抵押的房地产抵押给债权人，同时贷款金额低于抵押房地产的价值。因而，商业银行或者其他金融机构，一般会要求债务人委托商业银行信任的房地产估价机构进行评估，为其确定合理的房地产抵押贷款额度提供价值参考依据。

对于房地产抵押目的而从事的估价活动，主要涉及以下几个方面，见图3-3：

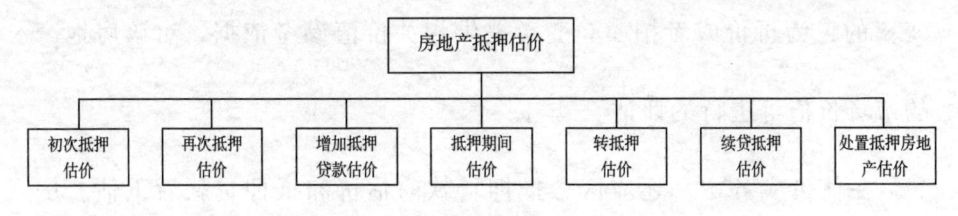

```
                        房地产抵押估价
    ┌──────┬──────┬──────┬──────┬──────┬──────┐
  初次抵押  再次抵押  增加抵押  抵押期间  转抵押    续贷抵押  处置抵押房地
   估价    估价    贷款估价   估价     估价     估价     产估价
```

图 3-3 房地产抵押估价的情形

（1）初次抵押估价，是将未抵押的房地产进行抵押的，对该房地产的抵押价值进行的评估。

（2）再次抵押估价，是将已抵押的房地产再次抵押的，对该房地产的抵押价值进行的评估。

（3）增加抵押贷款估价，是抵押人以同一抵押房地产向同一抵押权人再次抵押贷款的，对该房地产的抵押价值进行的评估。

（4）抵押期间估价，对抵押房地产价值进行监测，及时掌握其动态变化情况，定期或者根据需要对抵押房地产价值进行的评估。

（5）转抵押估价，是将已抵押的房地产及其所担保债权转让给买受人的，对该房地产的抵押价值进行的评估。

（6）续贷抵押估价，是指抵押贷款到期后继续以该房地产抵押贷款的，对该房地产的抵押价值进行的评估。

（7）处置抵押房地产估价，是指债务人不履行到期债务或者发生当事人约定的实现抵押权的情形，需要将抵押房地产折价或者拍卖、变卖的，为折价或者拍卖、变卖提供相关价值参考依据，对该房地产的市场价值等进行的评估。

在估价实务中，还应区分抵押贷款前估价和抵押贷款后重估。房地产抵押贷款前估价应该包括下列内容：

（1）评估抵押房地产假定未设立法定优先受偿权下的价值。

（2）调查抵押房地产法定优先受偿权设立情况及相应的法定优先受偿权。

（3）计算抵押房地产的抵押价值或者抵押净值。

（4）分析抵押房地产的变现能力并做出风险提示。

抵押价值和抵押净值的评估应该遵循谨慎原则，不得高估假定未设立法定优先受偿权下的价值，也不得低估法定优先受偿款及预期实现抵押权的费用和税金。

抵押贷款后重估应根据监测抵押房地产市场价格变化、掌握抵押价值或者抵押净值变化情况及有关信息披露等需要，定期或者在房地产市场价格变化较快、抵押房地产状况发生较大变化时，对抵押房地产的市场价格、抵押价值、抵押净值等进行重新评估，并为抵押人提供相关风险提示。

如果重新评估大量相似的抵押房地产在同一价值时点的市场价格或者市场价值、抵押价值、抵押净值，可以采用批量估价的方法。

二、房地产税收估价

房屋和土地属于显化的资产，自古以来就是比较好的税源，我国古代就对土地征收田赋税。欧美国家对土地、房屋一般也征收房产税或者土地税。对房屋和土地征税，不同的国家和地区所实行的征税方法有所差异，税基的选择也不同，有的国家按照土地、房屋的面积征税；有的按照价格征税，按照价格征税还存在是以市场价格征收，还是以取得价格征收之分。表 3-1 为世界上不同国家房地产税税基的选择。

表 3-1 世界上不同国家房地产税税基选择

房地产市场价格	交易价格或者评估价格	美国、日本、加拿大及欧洲多数国家等
原始价格或者租金	取得产权时的价格或者租金	中国
面积	房地产建筑面积或者土地面积	俄罗斯、波兰等
租金	净租金	法国、印度等

中国现行的房地产税有耕地占用税、城镇土地使用税、房产税、土地增值税、契税等。与房地产相关的税收有营业税、城市维护建设税、教育费附加、企业所得税、个人所得税、印花税等。其中，对于个人所拥有的非营业性的房地产实行免征。

总括而言，世界上大多数国家采用价格作为税基，并且采用市场价格或者评估价格。欧美国家在对房地产征税时，一般每经过三五年，需要由政府指定的估价机构对房地产的市场价格进行评估，并以评估价格作为纳税的基数。因此，为了征税的需要，也必须对房地产进行价格评估。

房地产税收估价应该区分持有环节税收估价、房地产交易环节税收估价和房地产开发环节税收估价，并应按照相应的税种为核定其计税依据进行估价。

三、房地产征收和征用估价

城市政府为了公共利益的需要，可能对私人拥有的房地产和土地进行征收或者征用。土地是各种生产、生活等活动不可缺少的要素，又不可移动，有时为了公共利益的需要，不得不征收集体所有的土地；城市政府在城市更新、基础设施建设中，需要拆迁单位、个人的房屋及其他房地产；或者因为抢险、救灾等紧急需要，不得不征用单位、个人的房地产。其中，征收与征用的主要区别是：征收的实质是强制收买，主要是所有权的改变，不存在返还的问题；征用的实质是强制使用，只是使用权的改变，被征用的房地产使用后，应当返还被征用人，即是一种强制的临时使用房地产的行为。

尽管征收、征用是为了公共利益的需要或者因抢险、救灾等紧急需要，但都不能是无偿的，必须依法给予补偿。征用房地产不仅应当给予使用上的补偿，如果征用的房地产受到损失，还应当按照实际损失给予补偿。而确定上述征收、征用的补偿金等，就需要房地产估价提供相关参考依据。

房地产征收估价，应该区分国有土地上房屋征收评估和集体土地征收评估。房地产征用估价，应评估被征用房地产的市场租金，为给予使用上的补偿提供参考依据，并可评估因征用造成的搬迁费用、临时安置费用、停产停用费用、停产停业损失；当房地产被征用或者征用后毁损的，还可以评估被征用房地产的价值减损额；当房地产被征用或者征用后灭失的，还可以评估被征用房地产的市场价值，为相关补偿提供参考依据。

四、房地产拍卖和变卖估价

在房地产强制拍卖、变卖等活动中，经常发生有关当事人对房地产价格、补偿金、赔偿金或者为它们提供参考依据的估价报告或估价结果有异议的情况。例如，在人民法院拍卖、变卖被查封的房地产或者将被查封的房地产抵债中，被执行人通常对拍卖价格、变卖价格、抵债价格有异议，特别是对为人民法院确定拍卖保留价、变卖价格、抵债价格提供参考依据的估价报告或估价结果有异议，从而要求对估价报告或估价结果进行复核或鉴定。

以上这些均需要权威、公正的房地产估价，为争议各方当事人和解或者有关单位调解、仲裁机构仲裁、行政机关处理、纪律检查部门查处、检察机关立案、人民法院判决，以及司法机关和公民、组织进行诉讼等提供相关参考依据。

另外，有的房地产在出售时，也可以采用拍卖的形式，产权让渡人为了合理地确定拍卖底价，也需要对房地产的价格进行评估。

房地产拍卖估价，应该注意司法拍卖估价和普通拍卖估价。而房地产变卖估价，应该评估其市场价值。

五、房地产分割和合并估价

房地产所有，可以是单独所有，也可以是共有。在共有房地产的情形下，因为其他原因，可能会出现共有房产的分割。房地产分割一般不宜采取实物分割的方法，因为许多情况下房地产在实物形态上难以分割，如果进行实物分割就会损害房地产的效用，所以通常是采取折价等方法处理。比如，婚姻关系破裂，夫妻双方共同所有的住房，不适宜采取实物分割的处置方式。一般处置方式是，由一方获得住房的所有权，拥有所有权的一方，需要根据房屋价值，支付给另一方现金或者等价的财产作为补偿。在进行补偿时，需要对共同所有的房地产进行价格评估。

对于房地产的合并估价，不应简单地将合并前的各部分房地产的价值或者价格进行相加，作为合并后的整体房地产价格或者价值，应该对合并后的整体房地产价格或者价值进行评估，并且要分析合并后价值提升或者降低的原因。

六、房地产损害赔偿估价

根据我国相关法律法规，如《中华人民共和国民法通则》第117条的规定："侵占国家、集体的财产或者他人财产的，应当返还财产，不能返还财产的，应当折价赔偿。损坏国家、集体的财产或者他人财产的，应当恢复原状或者折价赔偿，受害人因此遭受其他重大损失的，侵害人并应当赔偿损失。"房地产损害赔偿的类型比较多，如由于商品房工程质量缺陷造成的房地产价值损失，常见的有地下室漏水、主体承重构件承载力不足出现裂缝、基础沉降不均匀墙面出现裂缝等；由于规划变更、设计变更，对房地产权利人造成损失；在自己的土地上建造建筑物妨碍了相邻建筑物的通风、采光和日照等，造成相邻房地产价值损失；施工中挖土护坡不稳定使邻近建筑物倾斜，造成邻近房地产价值损失；施工打预制桩时，造成邻近建筑物主体结构破坏等；分包商、供货商不能按照计划工期完成施工、供货任务使他人工程停缓建而造成损失；因对房地产权利行使不当限制，例如错误查封，对房地产权利人造成损失；异议登记不当，对房地产权利人造成损失；非法批准征收、使用土地，对当事人造成损失等。总括而言，以上述及的多种类型的房地产损害赔偿，都需要房地产估价为确定赔偿金额提供参考依据。

七、房地产保险估价

建筑物作为房地产的重要组成部分，在发生自然灾害或者人为灾害时，会遭受严重的破坏。比如，火灾、爆炸、雷击、暴风、暴雨、泥石流、地面突然塌陷、岩崩、突发性滑坡或空中运行物体坠落等，建筑物会遭受损毁或灭失。为了防止以上灾害发生时，房地产的产权人遭受重大损失，一般需要对建筑物进行保险。房地产估价可以为保险提供价格参考依据，具体而言，可以分为以下两种情形：

（1）投保前估价。建筑物投保前需要评估保险价值，为确定保险金额提供参考依据。

（2）风险事故发生后估价。在风险事故发生后，保险机构为确定赔偿金额，需要评估所遭受的损失或者建筑物的重置成本。

八、房地产转让估价

房地产产权让渡，包括土地使用权转让，是指房地产权利人通过买卖、互换、赠予或者其他合法方式将其房地产转移给他人的行为。其他合法方式包括以房地产出资、作价入股、偿还债务等。由于房地产属于完全差异化的商品，不同的房地产价格不同。房地产产权让渡，需要买卖双方对市场信息具有较全面的把握，对影响房地产价格的质量、功能、产权、供求做出相关判断。一般的人员，很难对交易的房地产价格做出合理的评价。因此，需要专业的房地产估价人员对待交易的房地产进行价格评估。

具体而言，涉及房地产买卖，对买者来说，需要通过房地产估价了解拟购买的房地产的市场价值，以确定合理的出价，避免出价过高而遭受损失，出价过低而丧失购买机会，或者评判产权出让人的要价可否接受；对产权出让人而言，需要通过房地产估价来了解拟出售的房地产的市场价值，以确定合理的出售价格，避免定价过低而遭受损失，定价过高出售困难，或者判断买者的出价可否接受。

九、房地产租赁估价

在房地产资产服务市场中，房屋的所有者可以通过出租房屋、土地获得相应的投资回报。为了合理地确定租金，往往需要对房地产的租金进行估价。

房地产的租赁估价应该区分出租人需要的估价和承租人需要的估价，并且需要根据委托人的要求，评估市场租金或者其他特定租金、承租人的权益价值等。

以营利为目的的出租划拨建设用地使用权上的房屋租赁估价，应根据国家和估价对象所在地的土地收益处理规定，给出租金中所含的土地收益。

十、建设用地使用权出让估价

前已述及，在当前的法律体系下，我国的土地实行二元所有制，即国家所有和农村集体组织所有。县级以上政府代表国家可以对农村集体组织所拥有的土地进行征用，将农用地变为建设用地，然后通过土地一级市场出让土地使用权。建设用地使用权出让是指国家将国有土地使用权，在一定年限内出让给土地使用者，由土地使用者向国家支付土地使用权出让金的过程。目前，土地使用权出让的方式主要有招标、拍卖、挂牌和协议。其中，招标出让土地使用权是指市、县人民政府土地行政主管部门发布招标公告，邀请特定或者不特定的自然人、法人或者其他组织参加土地使用权投标，根据投标结果确定土地使用者的行为；拍卖出让土地使用权是指出让人发布拍卖公告，由竞买人在指定的时间、地点进行公开竞价，根据出价结果确定土地使用者的行为；挂牌出让土地使用权是指出让人发布挂牌公告，按公告规定的期限将拟出让宗地的交易条件在指定的土地交易场所挂牌公布，接受竞买人的报价申请并更新挂牌价格，根据挂牌期限截止时的出价结果确定土地使用者的行为。协议出让土地使用权是指出让人与特定的土地使用者通过协商方式有偿出让土地使用权的行为。

在招标出让土地使用权中，出让人需要确定土地使用权招标底价，投标人需要确定其报价。在拍卖出让土地使用权中，出让人需要确定土地使用权拍卖底价，竞买人需要确定其最高应价。在挂牌出让土地使用权时，出让人需要确定土地使用权挂牌底价，竞买人需要确定其最高报价。在协议出让土地使用权时，出让人需要确定土地使用权协议出让最低价，土地使用者需要确定其最高出价。此外，对列入招标、拍卖、挂牌出让计划内的具体地块有使用意向、提出用地预申请的单位和个人，需要承诺愿意支付的土地价格；出让人需要认定其承诺的土地价格是否可以接受。

城市政府土地资源管理部门，不论采用何种方式，出让建设用地使用权，都需要对出让的土地使用权进行估价，以合理确定招标、拍卖、挂牌底价，以及协议出让最低价，为投标人、竞买人、土地使用者确定报价、应价或出价等，提供参考依据。所以，房地产估价的目的之一，就是确定土地使用权在一定时间出让时，合理的出让价格。

十一、房地产投资基金物业估价

为了保护投资人的权益，满足上市公司信息披露的要求，房地产投资基金持有的物业应该进行估价。房地产投资基金物业估价，分为房地产投资信托基金物业评估、其他房地产投资基金物业估价两种类型。

房地产投资信托基金物业评估，根据房地产投资信托基金发行上市、运营管理、退出市场及相关信息披露的需要，可包括下列全部或者部分内容：

（1）信托物业状况评价。

（2）信托物业市场调研。

（3）信托物业价值评估。

其他房地产投资基金物业估价，应根据具体情况，按照相应估价目的，进行评估。

十二、为财务报告服务的房地产估价

随着我国经济体制改革，多种企业形式并存，企业经营业务也呈现多元化的趋势。有的企业可能投资一定的房地产，通过出租房地产来获得相应的投资回报；或者通过投资房地产，持有一定的期限，在房地产价格上涨以后，进行出售，获得相应的增值收益。当企业持有投资的房地产时，为了满足财务报告的要求，企业需要对投资的房地产进行价格评估。

十三、企业各种经济活动涉及的房地产估价

随着我国经济的发展和市场经济的不断完善，企业经营活动方式发生较大变化。我国经济中，多种企业形式并存，如国有企业、外资企业、合资企业、民营企业。随着时间的推移，民营企业在国民经济中发挥了重要的作用，在提高就业、促进出口、拉动投资方面的作用日益突出。企业在经营活动中，为了应对国际、国内经济形势，企业之间可能通过合作、合并、合资等形式。有的企业在合作时，可能采用以土地、房产等固定资产入股的方式。所以，企业的经济活动也涉及企业固定资产价值的评估。

十四、房地产纠纷估价

房地产作为价值量高的商品，作为重要的财产，在企业经营、居民生活中，起着重要的作用。当前，涉及房地产纠纷的情况比较多，为了较好地处置纠纷的房地产，为和解、调解、行政裁决、行政复议、诉讼等方式解决纠纷提供参考依据，需要对有争议的房地产进行评估。房地产纠纷估价包括价值评估、赔偿金额、补偿金额、交易价格、市场价格、租金、成本、费用分摊、价值分配等方面。

十五、其他目的的房地产估价

除了以上介绍的各种经济活动，需要对房地产进行估价以外，还有一些经济活动，如分家析产、出境提供财产证明、为检察机关立案服务、改变土地使用条件等活动，也需要对房地产进行估价。

总之，在经济活动日益复杂的今天，为了满足各种经济活动、经济服务的需要，对房地产、土地等资产进行的价值评估活动越来越多，房地产估价目的也呈现多样化的趋势。

第三节 房地产估价的基本原则

为了评估房地产在特定的估价目的下，在一定时点上的客观合理价值，房地产估价人员在分析市场供求、房地产区位状况、实务状况的基础上，还需要遵循一定的原则。房地产估价原则就是反映房地产价格形成和运动规律、指导房地产估价实务活动的法则或标准。它既是客观规律的反映，又是房地产估价实践经验的理论总结。

实际上，可以把房地产估价原则分为基本原则、普适性原则和特殊原则三大类。其中，"独立、客观、公正原则"是房地产估价中的基本原则，也可以说是最高行为准则，是估价师的天职；"合法原则""最高最佳原则""估价时点原则""替代原则"是各种估价目的房地产估价都需要遵守的，所以可称为普适性原则；而对于某些估价目的的房地产估价应遵守的其他原则可以称为特殊原则，如房地产抵押估价应遵守的"谨慎原则"。本节主要对基本原则和普适性原则进行介绍，房地产估价原则如图 3-4 所示。

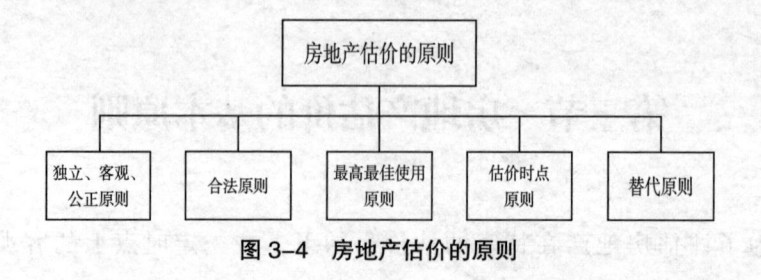

```
                    房地产估价的原则
    ┌──────────┬──────────┼──────────┬──────────┐
 独立、客观、    合法原则   最高最佳使用   估价时点    替代原则
  公正原则                  原则         原则
```

图 3-4 房地产估价的原则

一、独立、客观、公正原则

所谓独立、客观、公正原则，是指房地产估价师应该以中立的态度，评估出对各方当事人来说都是公平合理的房地产价值。具体而言，独立是指房地产估价师不应受任何组织或者个人的非法干预，完全凭借自己的专业知识、经验和应有的职业道德进行估价。客观是指房地产估价师不应带着自己的好恶、情感和偏见，完全从客观实际出发，反映事物的本来面目。公正是指房地产估价师在估价中应当公平正直，不偏袒相关当事人中的任何一方。

如果房地产评估出的价值不公平合理，必然会损害相关当事人中某一方的利益，也有损房地产估价师、房地产估价机构以至整个房地产估价行业的社会公信力和声誉。例如，为房地产买卖而进行的估价，如果评估价值比客观合理的价值高，则卖者得利，买者受损；反之，则买者得利，卖者受损。为房地产抵押贷款而进行的估价，如果评估价值比客观合理的价值高，则借款人得利，贷款人的风险增加，甚至影响金融安全。为城市房屋拆迁补偿而进行的估价,如果评估价值比客观合理的价值高,则被拆迁人得利,拆迁人受损;反之,则拆迁人得利,被拆迁人受损,甚至影响社会稳定。为房地产课税而进行的估价,如果评估价值比客观合理的价值高,则纳税人受损;反之,则纳税人得利,税收流失,这对于其他纳税人也是不公平的。

为了评估出客观合理的价值,房地产估价师首先应本着各方当事人均是理性的、精明的假设进行估价;然后,房地产估价师应以各方当事人的角色或心态来考虑评估价值;再以专家的身份来反复、精细地权衡评估价值。在此基础上得到一个对各方当事人均为公平合理的评估价值。例如,在实际交易中,各方当事人的心态是不同的,如买者的心态是出价不能高于预期使用该房地产所能带来的收益,或者重置成本,或类似房地产的正常成交价格;卖者的心态是要价不能低于他对该房地产已投入的开发建设成本及应获得的期望利润,或类似房地产的正常成交价格。

二、合法原则

合法原则要求对房地产估价应以估价对象的合法权益为前提进行。房地产估价之所以要遵守合法原则,是因为房地产价值实质上是房地产权益的价值。两宗实物状态相同的房地产,如果权益不同,其价值会有很大的差异。例如，在我国城市住房中，有商品房和小产权房之分，小产权房因其属于在农民集体组织所有的土地上承建的房屋，所以属于不合法的住房。因此，房地产估价师在对以上产权属性不同的房屋进行估价时，要区别对待，小产权房和同区位的商品房相比，因其没有交纳土地使用权出让金，价格较低。

对于权益，委托人或房地产估价师无权随意假定，必须有法律、法规或政策等作为依据。具体而言，合法权益包括合法产权、合法使用、合法处分等三方面。

（1）合法产权。它是指应该以房地产权属证书、权属档案以及其他相关合法合同或证明为依据。我国目前房地产权属证书有土地权属证书，如《国有土地使用证》《集体土地所有证》《集体土地使用证》《土地他项权利证明书》；房屋权属证书，如《房屋所有权证》《房屋共有权证》《房屋他项权证》等。

当县级以上地方人民政府由一个部门统一负责房产管理和土地管理工作时，可能颁发统一的房地产权证书。统一的房地产权证书有《房地产权证》《房地产共有权证》和《房地产他项权证》三种。

在此，需要注意的是，遵守合法原则不是指只有合法权利的房地产才能成为估价对象，而是指依据法律、法规和政策等的规定，估价对象的评估价值必须与其权利状况相匹配。具体地说，划拨土地使用权不能当作出让土地使用权来估价,集体土地不能当作国有土地来估价,共有的房地产不能当作单独所有的房地产来估价,部分产权的房地产不能当作完全产权的房地产来估价,临时用地不能当作正式用地来估价,临时建筑不能当作永久建筑来估价,超过批准期限的临时建筑不能当作未超过批准期限的临时建筑来估价,手续不全的房地产不能当作手续齐全的房地产来估价,不可补办相关手续的非法房地产不能当作可以补办相关手续的房地产来估价,产权不明或权属有争议的房地产不能当作产权明确或权属无争议的房地产来估价,违法占地不能当作合法占地来估价,违法、违章建筑不能当作合法建筑来估价等。

(2)合法使用:众所周知,"规划创造土地的价值"。同一块土地,规划用途不同,价值存在明显差异。一般而言,商业用地价格高于住宅用地价格,住宅用地价格高于工业用地的价格。为了保证城市建设用地的高效、集约利用,城市政府对规划区内的土地用途做了明确的规定。在土地招标、拍卖、挂牌和协议出让时,对土地用途、土地开发容积率、规划红线、建筑物高度均做了详细的规定。因此,在合法使用方面,应该以城市规划、土地用途管制为依据。例如,如果城市规划规定了某宗土地的用途、建筑高度、建筑密度、容积率等,或者土地用途管制规定了某宗土地的使用用途,那么对该宗土地进行估价就应当以其使用符合这些规定为前提。房地产估价时，必须根据土地的规划用途进行评估，这样评估出的价格才能反映土地的价值，才能被社会承认。

（3）合法处分。它是指应该以法律、法规、政策或者合同等允许的处分方式为依据。房地产处分方式涵盖买卖、租赁、抵押、抵债、赠予等，这些处分方式受到法律、法规和合同的限制，也就是在存在抵触的前提下，法律法规的效力高于合同，合同的效力高于无合同。例如，法律、法规规定不得抵押的房地产，不应作为抵押估价目的的估价对象；不得作为出资的房地产，不应作为出资设立企业估价目的的估价对象；在评估土地使用权是以划拨方式取得房地产的抵押价值时，不应包含土地出让金等。

此外，还要注意的是，评估出的价值应当符合国家的价格政策。例如，新建的经济适用住房的价格，应当符合国家规定的经济适用住房价格构成和对利润率的限定；农地征收和城市房屋拆迁估价，应当符合国家有关农地征收和城市房屋拆迁补偿的法律、法规和政策。

因此，在房地产的估价实务中，要求房地产估价师，不仅对房地产的实物状况、区位状况、权益状况、市场信息有全面的把握；还需要熟悉我国的法律法规，特别是《土地管理法》《城市房地产管理法》

《建筑法》以及当地土地征用、拆迁的补偿标准和相关规定。总之，在估价时，要遵循合法原则，对待估对象的产权、用途、合法的处分方式进行全面把握。

三、最高最佳使用原则

最高最佳使用原则要求房地产估价结果应在估价对象最高最佳使用下的价值。最高最佳使用是指法律上许可、技术上可能、经济上可行，经过充分合理的论证，能够使估价对象的价值达到最大化的一种最可能的使用。房地产估价之所以要遵守最高最佳使用原则，是因为在现实房地产经济活动中，每个房地产拥有者都试图充分发挥其房地产的潜力，采用最高最佳的使用方式，以取得最高的经济利益。

对于估价对象最高最佳使用的问题，需要尽可能地构思出房地产各种潜在的使用方式，然后根据下面的四个标准依次进行考虑：

（1）法律上的许可性。对于每一种潜在的使用方式，首先判定是否被法律允许。如果法律上不允许，必须淘汰掉。

（2）技术上的可能性。如果法律上允许，还要检查该利用方式在技术上是否能够实现，如果技术上不能达到，也需要淘汰掉。

（3）经济上的可行性。对于法律上允许、技术上可能的使用方式，还要进行经济可行性的检验。经济可行性检验的一般做法是：针对每一种使用方式,首先预测它未来的收入和支出流量,然后将未来的收入和支出流量用现值表示,再将这两者进行比较。只有收入现值大于支出现值的使用方式才具有经济可行性;如果净收入的现值为负值,也必须淘汰掉。

(4)价值最大化。在所有具有经济可行性的使用方式中,只有使估价对象的价值达到最大化的使用方式,才是最佳的使用方式。

在估价实务中,估价对象通常已做出了某种使用,那么估价人员就需要对保持现状、装饰装修改造、改变用途、重新开发等估价前提做出选择和判断,并应在估价报告中予以说明,或者以其中几种情况组合作为前提。

保持现状的条件是:

新建房地产价值－拆除现有建筑物费用－建造新建筑物费用＜现状房地产价值

装修改造的条件是:

装修改造后房地产价值－装修改造前房地产价值＞装修改造费用

改变用途的条件是:

改变用途后房地产价值－改变用途前房地产价值＞改变用途费用

重新开发的条件是:

新建房地产价值－拆除现有建筑物费用－建造新建筑物费用＞现状房地产价值

应该注意的是，在实际估价中，除保持现状估价前提外，不能以其中某一种估价前提的可行，就判断该种估价前提为最高最佳使用，而应当在将它与其他几种可行的估价前提进行比较之后，做出最高最佳使用的判断与选择。

四、估价时点原则

由于房地产价格受多种因素的影响，经常处于变动之中。特别是当一国的货币政策、税收政策、土地政策、公共住房政策发生变化时，容易引致房地产需求的变化；而房地产的短期供给不具有弹性，所以，房地产价格往往随着需求的变化而发生较大的波动。因此，对房地产价格进行评估必须考虑估价时点问题，也就是说，评估的价格是对应哪一时点的价格。

估价时点原则要求房地产估价结果，是在由估价目的决定的某个特定时间的客观合理价格或价值。由于影响房地产价格的因素是不断变化的，房地产市场是不断变化的，货币的购买力是不断变化的，因而房地产价格也是不断变化的。实际上，随着时间的流逝，房地产本身也可能发生变化，如建筑物的新旧程度。因此，房地产价值具有很强的时间性，每一个价值都对应一个时间。反过来，就不可能离开时间来评估房地产价值。但是，估价既不可能也无必要评估估价对象在所有时间上的价值，通常只是评估其在某个特定时间的价值，这个特定时间既不是委托人也不是房地产估价师可以随意假定的，必须根据估价目的来确定。这个由估价目的决定的特定时间就被称为估价时点，并一般用公历年、月、日表示。

估价时点除了说明评估价值对应的时间外，还说明了选择评估对象适用法律、法规、政策或者评估标准的依据，同时还是比较法中选取估价对象可比实例价值的参考。

在估价实务中，通常是评估房地产现在的价值，所以一般将估价人员实地查看估价对象期间或者估价作业日期内的某个日期作为估价时点。但是，估价时点并非总是在此期间，也可因特殊需要，将过去或者未来的某个时间确定为估价时点。在具体的一个房地产估价项目中，估价时点究竟是现在、过去或者未来，是由估价目的决定的，并且不同估价时点所对应的估价对象状况和房地产市场状况也会有所不同。因此，在估价中要特别注意估价目的、估价时点、估价对象状况和房地产市场状况四者的匹配关系。

不论是出于何种估价目的，评估估价对象价值所依据的市场状况始终是估价时点时的状况，但估价对象状况不一定是估价时点的状况。不同估价目的的房地产估价，其估价时点与所对应的估价对象状况和房地产市场状况的匹配关系如表 3-2 所示。

表 3-2　估价时点、估价对象状况及房地产市场状况

估价时点	估价对象状况	房地产市场状况
过去（回顾性估价）	过去	过去
现在	过去	现在
现在	现在	现在
现在	未来	现在
未来（预测性估价）	未来	未来

在表 3-2 中，将估价时点、估价对象状况、房地产市场状况划分为五种类型，每种类型适用的情形见表 3-3。

表 3-3　不同类型适用的情形

（1）估价时点为过去，估价对象状况和房地产市场状况也为过去的情形，大多出现在房地产纠纷案件中，特别是对估价结果有异议而引起的复核估价或估价鉴定中。
（2）估价时点为现在，房地产市场状况为现在而估价对象状况为过去的情形，大多出现在房地产损害赔偿和保险理赔案件中。
（3）估价时点为现在，估价对象和房地产市场均为现时状况下的情形，是估价中最常见、最大量的业务，如在建工程估价，存量房地产估价等。
（4）估价时点为现在，房地产市场状况为现在，而估价对象为未来状况下的情形，多出现在房地产预售或预购价格的评估中。
（5）估价时点为未来、估价对象状况和房地产市场状况也为未来的情形，多出现在房地产市场预测、为房地产投资分析提供价值依据的情况下。

五、替代原则

替代原则要求房地产估价结果不应存在不合理地偏离类似房地产在同等条件下正常价格的情况。类似房地产是指在实物、权益、区位等三方面均与估价对象相同或相当的房地产，即与估价对象在同一供求范围内，并在用途、规模、档次、建筑结构、权利性质等方面相同或相当的房地产。同一供求范围指与估价对象具有一定的替代关系、价格会相互影响的房地产所处区域的范围。

根据经济学原理，同一种商品在同一市场上具有相同的市场价格。房地产价格也不例外，只是由于房地产的完全差别性，使得完全相同的房地产几乎没有，但在同一个市场上具有效用相近的房地产，其价格应是接近的。在现实房地产交易中，任何理性的买者和卖者，都会将其拟买或拟卖的房地产与类似房地产进行比较，从而任何明智的买者都不会接受比市场上类似房地产的正常价格过高的价格，任何理性的卖者都不会接受比市场上类似房地产的正常价格过低的价格。买者和卖者最终博弈的结果是在同一个市场上的类似房地产，价格相互牵制、相互接近。

在房地产估价中，遵循替代原则要注意以下两个方面：

（1）由于估价人员很难找到完全相同的房地产作为参考，通常情况下，可以在估价对象附近区域寻找若干效用相近并已知其价格的房地产作为参照物，根据它们与估价对象之间的差异对其价格做适当的修正，从而推算出估价对象的价格。

（2）不能孤立地思考估价对象的价值，要考虑到效用相近的房地产价格的牵制作用。特别是同一个估价机构，在同一个城市、同一个时期，按照同一种估价目的，对不同区位、档次的房地产的估价结果应有一个合理的价差，好的房地产的评估价值不能低于差的房地产的评估价值。

在此，应该注意的是，替代原则是针对估价结果而言的，不论采用何种估价方法进行估价，最后都要求估价结果与房地产状况相匹配，只有当估价结果没有偏离类似房地产在同等条件下的正常价格时，估价结果才是客观合理的。当把替代原则的思想用于某个参数的测算时，替代原则就转化为替代原理。

因此，为了满足估价实务的要求，房地产估价人员应该遵循替代原则，并利用这一原则选择可比实例，通过采用相应的估价方法，来完成估价任务。

第四章 房地产估价方法

第一节 比较法

一、比较法的含义

比较法，或者称市场比较法，有时也称市价比较法、交易实例比较法、市场资料比较法、交易案例比较法、直接交易案例比较法等。

所谓比较法，是选取一定数量近期发生过交易且符合一定条件的与估价对象类似的房地产，然后将他们与估价对象进行比较，并对它们的成交价格进行适当的处理来求取估价对象价值的方法。通常把比较法求得的估价对象的价格称为比较价值。

比较法的本质是利用已被市场验证的类似房地产的实际成交价格来求取估价对象的价值。类似房地产通常称为可比实例，是指交易实例中交易类型与估价目的相吻合、成交日期与估价时点接近、成交价格为正常市场价格或能够修正为正常市场价格的类似房地产。其中，价格处理的方法包括交易情况修正、交易日期修正、区域因素修正和个别因素修正等。

由于比较法以被市场验证的实际价格为估价基准，所以比较法是一种直接、具有较强说服力且被广泛采用的重要估价方法。

随着我国房地产市场的逐步建立和健全，房地产产权交易，特别是住宅类房地产的交易情况较多，在利用比较法进行房地产估价时，专业房地产估价人员比较容易获得与估价对象相同的房地产的交易数据，所以比较法在房地产估价实务中得到了广泛应用。

二、比较法的理论依据

比较法的理论依据是房地产价格形成的替代原理。

一般来说，任何经济主体在市场经济中进行交易时，都想以最小的费用或代价取得最大的利润或效用，因而在选择商品时，一般都会进行多方面的比较，包括性能、质量、价格等。通过比较，选择效用高而价格低的商品。价格相近而效用较小或者效用近似但价格较高的商品一般都会被摒弃，因此在市场供求和竞争机制的作用下，效用相近的商品具有相近的价格。

在房地产交易中也存在替代原则，只是由于房地产的独一无二性，很难找出完全相同的两宗房地产，但在同一市场上，效用相近的房地产，其价格必然相互牵引、相互接近。这一规律使得房地产估价结果不可能非理性地偏离房地产在同等条件下的正常价格。

三、比较法适用的对象和条件

任何一种估价方法，都有其使用条件和限制，比较法亦是如此。

1. 比较法的适用对象

比较法的适用对象是数量较多、经常发生产权让渡或者交易，且具有一定可比性的房地产。比如常见的有：①住宅类房地产，涵盖普通住宅、高档公寓、别墅等，特别是存量成套住宅，由于数量较多、可比性较好，最适用于比较法估价；②写字楼、商场；③商铺；④标准厂房；⑤用于城市房屋开发的土地等。

对于不经常发生交易或者同一供求圈内数量较少的房地产则不能使用比较法估价。例如数量很少的房地产，包括特殊厂房、机场、码头、博物馆、教堂、寺庙、古建筑等；如有的大型房地产，在建筑设计造型、结构设计、功能等方面均具有特殊性，很难在房地产市场上找到可比实例，也不宜采用比较法。还有一些房地产，很少发生交易，如公立学校、政府投资的医院、政府和事业单位的办公楼等。此外，有一些在建工程，由于施工完的部分有差异，在进行估价时，也不宜采用比较法。

比较法的比较分析原理和方法，也可用于收益法、成本法、假设开发法中市场租金、经营收入、运营费用、空置率、入住率、报酬率、重置成本、房地产价格各个构成部分（如土地取得成本、建设成本、管理费用、销售费用、销售税费、开发利润等）、开发完成后的房地产价值、开发经营期等的求取。

2. 比较法的适用条件

比较法估价需要在估价时点的近期有较多类似房地产的交易。这需要估价对象所在的区域或者城市，房地产市场发达，供给、需求旺盛，产权交易情况经常发生。如果某些区域或者城市，房地产市场发展滞后，或者类似房地产交易资料少，就难以使用比较法。再如，一个国家或者地区，实行福利分房制度，城市居民不需要在房地产市场上购买产权住房，在这样的国家或者地区就无法采用比较法。因此，应用比较法进行房地产评估时，其基本条件就是有一个健全的房地产市场以及一个可以提供丰富、便利的市场交易资料源。

值得注意的是，以下情况不能成为不采用比较法进行估价的理由：在估价对象所在地实际上存在较多的类似房地产交易，但由于估价机构和估价师没有尽力去搜集交易实例，导致不能采用比较法估价。

另外，运用比较法需要消除以下三个方面的不同所造成的可比实例的成交价格与估价对象房地产客观合理价格的差异：①特殊交易情况与正常交易情况不同，如急于购买或者销售；②成交日期与估价时点不同；③可比实例房地产状况与估价对象房地产状况不同。我们把这些对可比实例成交价格进行的修正和调整，分别称为交易情况修正、市场状况修正和房地产状况修正。在实际的估价中，房地产价格影响因素多且复杂，因此，在进行修正和调整时，应尽量分解各房地产价格影响因素，并尽量采用定量分析来量化这些因素对房地产价格的影响程度。

四、比较法的操作步骤

运用比较法进行估价时，一般经过以下几个步骤，即通过市场调查、搜集交易实例，然后通过对交易实例的分析，选择可比实例；然后通过对可比实例进行交易情况修正、市场状况调整、区位等因素修正，最后求取比较价值，具体如图 4-1 所示。

图 4-1 比较法的实施步骤

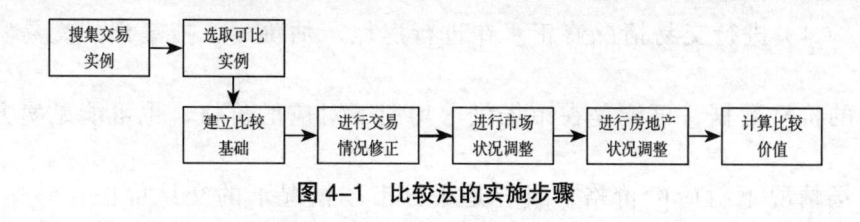

（1）搜集交易实例。利用比较法进行房地产估价时，需要专业房地产估价人员从房地产市场中搜集一定数量的房地产交易数据和资料，也就是交易实例信息，一般应该包括下列内容：交易对象基本情况，交易双方基本情况、交易方式、成交日期、成交价格、付款方式、融资条件、交易税费负担情况、交易目的等。以上数据和资料是比较法实施的基础资料。

（2）选取可比实例。根据类似性和可比性的要求，在搜集到的大量交易实例中，选取估价时点近期发生的与估价对象在用途、区域、房地产状况等方面相同或相近的交易实例作为可比实例。可比实例的选取应符合相应的规定。

（3）建立比较基础。由于房地产在产权让渡时，具体情况不同，价格的表现形式有所差异，有的是以建筑面积表示的单价；有的是以总价表示；有的是以套内建筑面积表示的单价；还有的是交易的货币形式不同，如以美元交易等。因此在房地产估价时，还需要将价格的内涵界定清楚，采用统一的价格表现形式，如全部以单位建筑面积的单价表示，以上统一价格内涵的计算工作称为建立比较基础，也就是对可比实例的成交价格进行标准化处理。

（4）进行交易情况修正。在进行房地产估价时，搜集到的交易实例的价格数据，可能是在市场供求均衡下对应的价格，也可能是卖方市场情况下对应的价格，或者是买方市场情况下的交易价格。另外，产权承受人可能对购买的房地产存在特殊的偏好，或者急于购买的情况，往往导致交易价格偏离市场均衡值。一般情况下，如果交易价格偏高或者偏低，是不宜作为可比实例的，但是如果能够分析出价格偏高或者偏低的影响因素及其影响程度，对价格偏差进行修正的话，这些交易实例也可以作为可比实例，对以上价格偏差所做的修正工作，称为交易情况修正。

（5）进行市场状况调整。房地产市场受到货币政策、税收政策、土地供给政策、住房公积金政策的影响，房地产的供给和需求处于动态变化中，房地产价格也经常处于变化之中。另外，房地产市场上还存在大量的投资、投机者；由于房地产的供给具有滞后性，所以房地产的价格在需求发生变化时，波动幅度较大。在利用搜集的数据进行房地产估价时，估价日期往往滞后于可比实例的交易日期。如果在这一时期内，房地产市场供求发生变化，往往引致价格的波动，所以，需要将可比实例的价格转化为估价时点对应的价格，以消除成交日期的市场状况与价值时点的市场状况不同造成的价格差异。

（6）房地产状况调整。房地产状况调整应消除可比实例状况与估价对象不同造成的价格差异。具体而言，包括区位状况调整、实物状况调整和权益状况调整。在估价实务中，待估对象房地产与可比实例房地产，在以上某个方面或者以上几个方面存在差异。如果存在差异，需要进行房地产状况调整。

（7）计算比较价值。对经过修正后的各个可比实例价格，应该根据它们之间的差异程度、可比实例房地产与估价对象房地产的相似程度、可比实例资料的可靠程度等情况，选用简单算术平均、加权平均法计算出比较价值。

第二节 收益法

一、收益法的基本思想

收益法的基本思想来源于古典经济学中的商品价值理论。自朴素的经济学思想萌芽以来，人们对商品价格或价格的形成原因，主要演化为两种观点：一种认为价值渊源于生产商品的劳动，另一种则认为价值来源于商品所具有的效用。收益法是后一种观点的体现，早在17世纪后期，威廉·配第在探讨土地价格问题时，就提出了利用未来收益来估算土地价值的方法。他在1762年出版的《赋税论》的序中关于土地价格是这样描述的:"在爱尔兰,土地的价值只相当于六年至七年的年租,而在海峡彼岸,土地价值就值二十年的地租。"由此产生了以一定年限的地租来反映土地价格的方法,但是合理的土地价格究竟应该等于多少年的地租呢,威廉·配第认为应该按"直系亲属中三代人同时生存的年数来计算",当时,这个年数大约是21年。

这就是后来在土地价格评估中采用的购买年法,如果用公式表示则为:

土地价格 = 土地年租金 × 购买年

购买年法将土地价格与其收益能力联系起来,为其后的土地市场交易奠定了深厚的基础。

在现代经济中,如采将购买房地产看作是一种投资行为,还原利率就是投资的回报率,在资产收益理论中,就是收益率。以储蓄作为代灰度投资方式,收益率可以做如下理解:假如一笔1000万元的储蓄,存款年利率为3.25%的情况下,每年可以得到32.5万元的利息收入。这里的储蓄额1000万元是资产价值,利息率3.25%是资产在一年中的收益率,利息收入32.5万元就是每年的资产净收益,三者之间有着固定的关系,即

净收益 = 资产价值 × 收益率

或者

$$资产价值 = \frac{净收益}{收益率}$$

房地产属于重要的资产，也具有与上述储蓄过程相同的特性。随着经济的发展，社会的进步，投资理念的变化，许多居民积累了一定的财富以后，在金融机构的信贷支持下，投资房地产，通过出租获得相应的投资回报。

假设有一位房地产投资者，通过出租其拥有的商业房地产，年净租金为50万元，对该房地产投资者而言，商业房地产的价格与任何一笔能够带来50万元收益的资产，价值是相等的。例如，他有一笔资金，存入银行作为本金，在一定的利息率的情况下，可以获得相应的利息收入，如果利息收入也是50万元的话，我们可以认为房地产的价格等于它存入银行的本金。

$$本金 = \frac{利息}{利息率}$$

所以，房地产价格可以这样来计算：

$$房地产价格 = \frac{年净收益}{银行存款年利息率}$$

一般而言，房地产投资与银行存款相比，有更高的风险，如变现期长的风险、房地产市场萧条风险等，同时出租房地产、经营房地产往往需要投入一定的管理时间和管理费用。所以,房地产投资的收益率并不能简单地以银行利息率来代替,而是由多种因素决定,最终是房地产的收益率,即

$$房地产价格 = \frac{年净收益}{房地产收益率}$$

由此可见,如果能够得到某宗房地产的收益和收益率资料,就可以比较准确地评估其价值,这种方法就是收益法。

二、收益法的概念

收益法也称为收益资本化法或收益还原法,它是通过预测估价对象在未来的正常年收益,并采用适当的资本化率,将收益转换为价值,来评估房地产价格的方法。

如果以资金的时间价值理论来理解,那么房地产的年净收益相当于年金,由于这个年金是未来年份中持续得到的,要计算的房地产价格是当前价格,可以使用普通年金现值的计算公式,即

p=A(P/A, i, n)

前面的例子是一种简化了的情形,与现实情况有一定差距。在实际的估价中,公式中的主要指标取值需要重新考虑。首先,现实中的房地产年收益并不是固定不变的,需要合理的估计;其次,还原利率

的大小与许多经济因素有关，而不能简单地以银行利息率代替；最后，房地产的收益并不能像银行存款一样永续产生，多种原因决定了房地产收益是有年限限制的。这些都是本章需要讨论的问题，通过这些问题的解决，能够使运用收益法的评估结果更加接近于现实的市场状况。

收益法评估结果的准确性不仅取决于对净收益的预测是否准确，还取决于所选择资本化率是否合适。该方法最主要的优势在于它可以估计典型投资者的想法，其劣势在于有时需要建立一套复杂的相关关系。

三、收益法的理论依据

收益法的理论依据是预期原理。人们投资房地产，主要是为了通过出租获得租金收入，或者持有一定期限后通过出售，获得溢价。所以，未来的收入影响房地产的价值，而过去的收益高低，不能决定房地产的价值。

由于拥有房地产相当于拥有了在未来若干年中持续地获取收益的权利，从这个层面来分析，购买房地产的本质是购买其未来产生的收益，由于这个未来的收益是尚未实现的，需要通过预期来确定的，所以未来的收益决定房地产的价值，而不是过去的收益。

四、收益法的应用条件

收益法的适用条件是未来能够带来收益的房地产,也就是未来收入和回报率都能够量化的房地产。

1. 估价对象是收益性房地产

收益性房地产是指能直接产生租赁收益或者其他经济收益的房地产,包括住宅、写字楼、旅馆、商店、餐馆、游乐场、影剧院、停车场、加油站、标准工业厂房、仓库、房地产开发用地等。这个收益并不一定是实际产生的,只要估价对象所属房地产类型具有产生收益的能力,都属于收益性房地产。因此自用房地产、自己经营的写字楼或公寓中空置的房地产,虽然没有实际收益,但是具有收益能力,都属于收益性房地产。

2. 收益和风险都能够量化

收益法是将房地产的未来收益转化为价格的方法,如果收益不能量化,就无法得出房地产价格。对未来收益的预期要以广泛和深入的市场调研为基础,并结合过去的经验和现实的具体情况做出判断。而风险的量化则是确定房地产还原利率的前提,相同收益的房地产,如果得到收益的风险不同,价格就会不同。在收益法中,风险的量化以回报率来反映，对投资者来说，风险越大，要求的回报率越高，即还原利率越大。采用收益法估价，要求估价人员对未来收益准确预期和对风险进行合理判断。

五、收益法的实施步骤

采用收益法评估房地产价格，首先是根据估价对象的基本情况，测算其合理的净收益，同时根据同类房地产的投资风险等因素选取适当的资本化率，然后采用适当的公式计算房地产价格。

运用收益法进行房地产估价时，实施步骤为：①选择具体估价方法；②测算收益期和持有期；③测算未来收益；④确定报酬率或者资本化率、收益乘数；⑤计算收益价值。其中，未来收益包括潜在毛收入、有效毛收入和净收益等。

六、净收益、还原利率、收益期限的确定

在收益法中，房地产的价格由净收益、还原利率、收益年限三个参数共同决定。所以在采用收益法时，首先要确定净收益、还原利率、收益年限，下面分别介绍这三个基本参数的计算。

（一）净收益

净收益是指投资型房地产、经营型房地产所带来的净收入。利用收益法评估房地产的价值，通常认为，房地产未来获得的收益越高，房地产价格越高，即净收益与房地产价格成正相关关系。

在收益法中，净收益是指由于房地产的贡献而直接产生的收益。根据获取收益的方式，收益性房地产可分为出租型房地产和直接经营型房地产。因此，净收益的测算有两种途径，具体如图4-2所示。

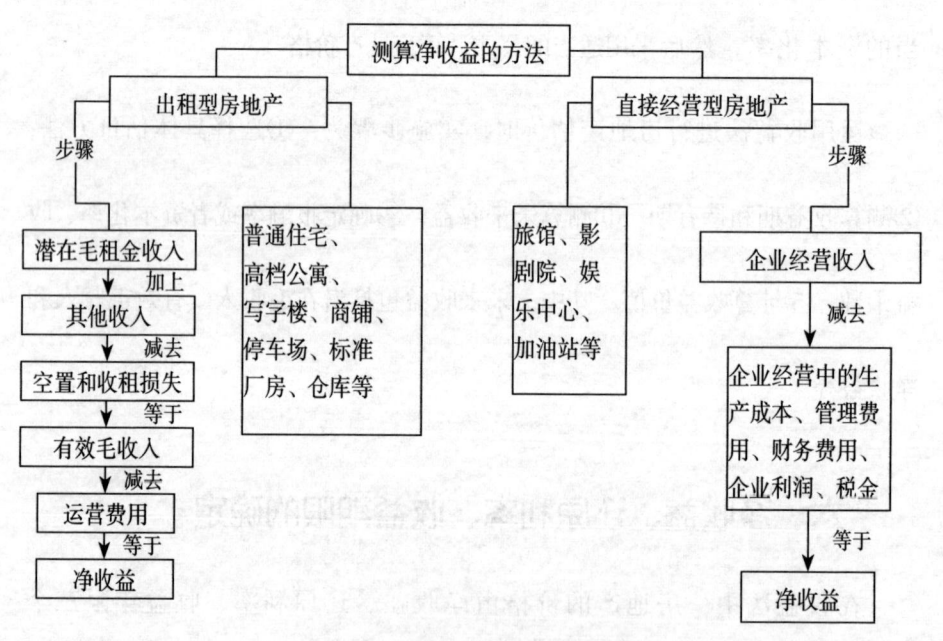

图4-2 测算净收益的两种思路

对于自用或者尚未使用的房地产，可以比照有收益的类似房地产的有关资料按照相应方式测算净收益，通过比较调整后得到净收益。

1. 出租型房地产净收益

出租型房地产是收益法估价的典型对象，如出租经营的普通住宅、高档公寓、写字楼、商铺、停车场、标准厂房、仓库等，其净收益可以通过调查租赁资料来直接测算。租赁资料中最常见的就是租赁合同，可以是口头约定，也可以是书面合同。关于租金的约定有直线型租金、递增型租金、百分率租金等几种形式。直线型租金是在租约期以内，租金水平保持不变；递增型租金是约定在租赁期间的不同阶段租金数额按一定幅度不断提高；而百分比租金通常约定以租户经营毛利润收入的一定百分率支付租金，商业房地产经常会采用百分比租金的形式。

在搜集租赁资料时应当注意了解租金的形式，以便对未来租金预测时得到更准确的结果，从而更客观地估计房地产价值。

（1）房地产收益的类型及其分析

根据收益的内涵不同，房地产的收益可以分为潜在毛收益、有效毛收益、净收益三种类型。

潜在毛收益反映房地产的最大收益能力，等于潜在毛租金收入加上其他收入。即

潜在毛收益 = 潜在毛租金收入 + 其他收入

其中，潜在毛租金收入是房地产在充分利用、无空置情况下所能获得的归属于房地产的总租金收入，其他收入一般指押金或保证金的利息收入。

有效毛收益是使用房地产中能够实现的毛收益，在数值上是潜在毛收益扣除空置和拖欠租金损失以后得到的收入，即

有效毛收益＝潜在毛收益－空置和收租损失

通常房地产很难一直保证全部出租，因此如果按照单位面积租金计算毛租金收入，就需要考虑空置面积是无租金收入的。而收租损失则是指出租的面积因拖欠租金所造成的收入损失，空置损失和收租损失通常按照潜在毛租金收入的一定比例来估算。

净收益是从有效毛收益中扣除运营费用以后得到的归属于房地产的纯收益，计算净收益的基本公式为：

净收益＝有效毛收益－运营费用

（2）运营费用

运营费用是维持房地产正常使用或经营的必要费用，包括房地产税、房屋保险费、物业服务费、管理费用、维修费、水电费等维持房地产正常使用或者营业的必要支出，根据合同的内涵取舍，其中由承租人承担的不应计入。也就是：

运营费用＝房地产税＋房屋保险费＋物业服务费＋管理费用＋维修费＋水电费

其中，管理费用是指对出租房屋进行必要管理所需的费用，包括出租经营过程中消耗品的支出和管理人员工资支出，通常以年租金的2%~5%计算；维修费是指为保证房屋正常使用所需支付的维护费，通常可按建筑物重置价的1.5%~2%计算；房屋保险费是指房产所有人为使自己的房产避免意外损失而向保险公司支付的费用，可按房屋重置价或现值乘以保险费率计算，我国的房屋保险费率一般是0.15%~0.2%；房地产税指房产所有人按有关规定向税务机关缴纳的房产税和营业税，税收标准各地规定有所不同，房产税按年缴纳，营业税按租金收入的5%缴纳，城市建设附加和教育费附加分别是租金收入的0.35%和0.05%。

这里的运营费是从估价的角度出发的，与会计中的成本费用不同，房地产估价中的运营费不包含房地产偿还抵押贷款的金额、房地产折旧、房地产改扩建费用。

实际求取净收益时，如果按以上项目累计测算运营费，通常应在分析租赁契约的基础上，决定应当扣除的费用项目。如果双方约定以上应包含的项目全部由出租人支付，则应当全部从毛租金收入中扣除，如果这些项目中只有部分由出租人支付,则只在毛租金基础上扣除由出租人支付的部分。而如果约定出租人为承租人无偿提供水、电、燃气等费用,则这些费用也应当从毛租金收入中扣除。对于出租人为承租人提供家具、设备等情况,如果评估价值中不包含这些物品,则应当将其折旧计入运营费用,如果评估价值中包含这些物品,则其折旧不计入运营费用。

2. 直接经营型房地产净收益

如果收益性房地产不是以租赁方式获得收益,而是由房地产权利人直接使用或者经营,这时房地产租金与经营者的利润没有直接分开,如旅馆、商店、加油站等。这些房地产净收益的测算通常是从经营者的总收益中扣除归属于其他要素的贡献,得到房地产的贡献。具体分述如下:

(1)商服经营型房地产,应根据经营资料测算净收益,且净收益应为经营收入减去经营成本、经营费用、经营税金及附加、管理费用、财务费用及应归属于商服经营者的利润。

(2)生产型房地产,应根据产品市场价格和原材料、人工费用等资料测算净收益,且净收益应为产品销售收入减去生产成本、销售费用、销售税金、管理费用、财务费用及应归属于生产者的利润。

3.自用或尚未使用的房地产净收益

住宅、写字楼或其他房地产中往往有一部分是业主自用或者尚未使用，以上房地产，虽然实际中没有产生收益，也是属于收益性的，应当在考虑空置的基础上，与其他部分同样合理计算其净收益。但是各类房地产的大堂和管理用房则不计算收益，因为这些部位的价值是通过其他用房的收益体现的，如有大堂的宾馆与没有大堂的相比档次高，收费也高，而管理用房则是房地产维持正常运营所必需的，所以大堂和管理用房是实现房地产净收益必要的基础，而其本身却不能单独产生收益。

4.混合收益型房地产净收益

有时估价对象是综合用途的房地产，如许多写字楼裙房部分是餐厅、商场等商业经营场所，主体部分为写字楼和酒店的客房，而大多数星级宾馆既有客房、餐厅，还有会议室、商务中心、娱乐中心等，这类房地产净收益的求取方法有三种：

第一种是费用分解法，即先将费用区分为固定费用和变动费用，固定费用包括工作人员工资、固定资产折旧、房地产税和保险费等，无论餐厅、商场营业状况如何、客房是否有客人入住，都要发生的费用；变动费用是随业务量增加或减少而变化的费用，如当餐厅、商场顾客增加、客房入住率提高时，水电费、维修费等也会随之增加。采用费用分解法，首先分别测算每种用途楼层的收入和变动费用，得出各用途的净收益，然后将所有用途的净收益相加，减去固定费用，即得到房地产的净收益。

第二种是总收入减总费用法，首先测算各种类型的收入，然后测算各种类型的费用，再以总收入减去总费用，即得到净收益。

第三种是简单组合法，采用这种方法时，把混合收益的房地产看作各种单一收益类型房地产的简单组合，分别根据各自的收入和费用求取各自的净收益，然后将所有用途的净收益相加得到总的净收益。在房地产估价实务中，一般采用第二种、第三种方法。

5. 根据收益流模式推算未来净收益

与财务中的现金流类似，房地产每年的净收益也可以称为净收益流。由于房地产的寿命期很长，要对其整个收益年限中每年的净收益加以估算是十分困难甚至是无法做到的。特别是随着房地产市场的波动，存量房市场的供求会发生变化，租金也会经常处于波动之中。因此，可以根据估价对象过去几年的净收益推算未来净收益，或者通过预测最近年份的净收益，来推算其他年份的净收益。通常房地产净收益流的模式有几种类型：净收益每年固定不变、净收益按固定数额递增或递减、净收益按固定比率递增或递减等。如果房地产市场波动不大，特别是租赁市场供求因素变化不大时，可以采用以下几种方法来测算未来净收益。

（1）过去数据简单算术平均法。采用过去数据简单算术平均法，需要通过市场调查，得到估价对象在过去若干年的净收益，然后将其简单算术平均值作为估价公式中的净收益。采用这种方法时，要求估价对象所在区域的房地产市场稳定，租金收益变化不大的情形，如我国中西部中小城市，外来流动人口较少的三、四线小城市。我国东部沿海城市，因为外来流动人口较多，特别是四大一线城市，房地产租赁市场需求旺盛，租金变化较大时，不宜采用这种方法。

（2）未来数据简单算术平均法。采用未来数据简单算术平均法，需要通过调查得到收益性房地产的净租金或者净收益的相应时间序列数据，并根据调查的时间序列数据进行预测，预测估价对象未来部分年份的净收益，并将其简单算术平均值作为估价公式中的净收益。

（3）未来数据资本化公式法。采用未来数据资本化公式法，需要通过调查和分析，预测估价对象未来 t 年的净收益 a1、a2、⋯at，并通过下面的公式，计算出估价对象的年度净收益。

$$\frac{a}{r}\left[1-\frac{1}{(1+r)^t}\right]=\sum_{i=1}^{t}\frac{a_i}{(1+r)^i}$$

以上公式可以理解如下：以 t 年中每年的净收益 a1、a2、…at，测算出的估价对象 t 年收益价格（公式右边），应当与 t 年中固定不变的净收益 a 测算出的估价对象 t 年收益价格（公式左边）相等。以上公式加以变换，就是

$$a=\frac{r(1+r)^t}{\left[(1+r)^t-1\right]}\sum_{i=1}^{t}\frac{a_i}{(1+r)^i}$$

由于收益法采用估价对象的未来净收益来估算价格，而不是过去净收益或当前净收益，因此，相对而言，以上三种方法中第三种最合理，其次是第二种，而第一种则是最简洁的方法。采用第一种方法计算净收益时，存在一定的偏差。

6. 实际收益与客观收益

租赁合同中约定的租金是具体的一宗房地产在实际经营中产生的收益，也称为实际收益，实际收益是房地产在现实状况下实际取得的收益。有些房地产采取了特殊的营销手段，对于租期较长的客户给予租金优惠，或者能够满足客户的某种特殊需要而约定了高于正常情况的租金，还有许多情况都可能导致实际租金偏离客观租金。如我国大中城市，教育资源配置不均衡，优质教育资源稀缺，因此在优质教育资源的附近区位，住宅类房地产的销售价格和租金明显高于其他区位，

也就是学区房的住宅租金往往高于非学区房的住宅租金。因此，在采用收益法评估房地产价格时，如果以租赁合同中约定的租金作为毛收益，显然不符合房地产估价中客观性原则的要求。

直接经营型房地产的经营资料中用来测算净收益的经营利润、生产成本等数据，与经营者的经营项目、管理水平等多种因素有关，这也不符合估价原则中的最高最佳使用原则。所以无论是基于租赁收入还是基于经营收入的净收益测算，都应当注意区分实际净收益和客观净收益。例如，经营型的房地产，在测算净收益时，如果经营管理人员管理水平、经营水平较高，其经营收入会高于平均的经营收益，这主要是企业管理绩效的结果。所以，在测算净收益时，还要考虑多种因素的影响，区分实际收益和客观收益。

客观收益是排除了实际收益中属于特殊的、偶然的因素后得到的一般情况下的正常收益，它应该满足以下几个方面的要求：

（1）客观收益是房地产在最佳利用状态下所产生的收益。估价时应该将估价对象设定在允许的最佳利用状态下，求取收益。

（2）客观收益是能够持续产生的收益。如按年交付的地租和按月交付的房租就是最有规则且稳定的收益。规则的年收益，往往需要根据多年的收益情况来综合判定，供参考的收益年期越多，对客观的判断收益越有利。一次性处理土地所获得的收益、优惠的租金、满足某个具体租户特殊要求而抬高租金的情况都是暂时的，不能持续，这样的收益就不能作为客观收益。不规则的收益，如果确属客观的，必须换算为规则的收益才能作为客观收益，但不持续的收益、不客观的收益，以及特殊的房地产或超过经济寿命的房地产所产生的收益，都不宜作为客观收益。

（3）客观收益是可实现的收益。采用客观收益作为估价的依据，符合房地产估价中的客观原则和最高最佳使用原则。估价中采用的收益应当是当前经济技术发展阶段中能够实现的收益，并且要考虑收益的安全性，如果未来的收益有风险，就应当扣除相应的风险影响。对于利用估价对象租赁资料或经营资料直接推算出的收益和费用，应当与类似房地产在正常情况下的收入、费用相比较，并进行适当的修正，确定其客观收益和费用，才能用收益法进行估价。

（二）还原利率的测定及其计算

1. 还原利率的概念及其解释

由于收益法中的净收益是对未来收益的预期，因而预期中包含的风险性也是影响房地产价格的主要因素。获得收益的风险越大，将净收益转换为房地产价值的比率就越高，还原利率就是将房地产净收益转换为价值的比率，它与房地产价格成负相关关系。

收益法的理论依据为资产收益理论，如果将购买房地产看作一种投资行为，那么房地产的价格就是投资额，房地产的收益就是投资收益，而还原利率则是投资收益率。由此可见，还原利率的本质是投资收益率。

还原利率并不是统一的或固定的，估价中采用的还原利率也不是某宗具体房地产的个别还原利率，而是同类型房地产的合理还原利率。不同地区、不同时期、不同用途、不同类型的房地产，或者同一类型房地产的不同权益、不同收益类型，还原利率都会有所差异。

在同一市场中，投资的收益能力总是与其风险程度相关，要获取高收益，就要承担较高的风险。同样，对于风险较大的项目，投资者必然期望获得较高的收益。由此可见，投资的收益率与该类投资的风险存在正相关关系。如果有甲、乙两宗房地产净收益相等，其中甲产生这笔净收益的风险较高，则甲的投资者只愿意支付较低的价格，而要求较高的还原利率；乙产生同样数额净收益的风险较小，则投资者就愿意支付较高的价格，并接受较低的还原利率。

还原利率的微小变化会导致房地产价格的较大变化，所以即使净收益测算准确，如果还原利率选取不当，估价结果仍然会出现较高的误差，所以还原利率的准确选择也是保证收益法估价结果准确性的关键因素之一。

2. 资本化率和报酬率的区别与联系

（1）资本化率和报酬率两者的区别。报酬率是通过逐年折现的方式将房地产的预期收益转换为价格时采用的比率，而资本化率是将房地产某一年（通常取未来第一年）的预期收益直接转换为价格的比率。报酬率通过收益流的形式反映预期收益实现的方式，能够将不同房地产在收益流模式方面的差异体现在房地产价格中，考虑了预期收益实现的风险性。而资本化率则仅仅表示收益和价格之间的关系，并不明确地表示获利能力，对于预期的收益是否实现、何时实现都没有反映。因此，资本化率不区分房地产的收益流模式，在所有情况下都是以未来第一年的净收益除以资本化率求取房地产价格，更多地反映收益与价格的静态关系。

（2）资本化率和报酬率两者的联系。虽然资本化率和报酬率的含义不同，但是同样作为以收益评估房地产价格的基础参数，两者之间也存在一定的内在联系，具体表现为：当房地产未来净收益不变且收益期限为无限年数时，资本化率与报酬率相等，即

$$R=r$$

当房地产未来净收益不变，但是收益期限为有限年数 n 时，资本化率和报酬率之间的关系可以用下列公式表达：

第四章 房地产估价方法

$$R = \frac{r}{1-\dfrac{1}{(1+r)^n}}$$

$$V = \frac{a}{R}$$

上述公式的推导过程如下：以直接资本化法评估得到的房地产价格为

$$V = \frac{a}{r} \times \left[1 - \frac{1}{(1+r)^n}\right],$$

$$\left[1 - \frac{1}{(1+r)^n}\right]$$

对同一宗房地产来说，两种方法得出的价格应当相等，所以，以上公式通过变换即得到：

$$R = \frac{r}{1-(\dfrac{1}{1+r})^n}$$

上式只适合于净收益稳定不变的情况，资本化率与报酬率之间的换算，如果净收益无规则变动，则报酬率和资本化率之间就不能存在确定的数学关系。

3. 确定还原利率的方法

房地产估价中确定还原利率的基本方法有三种，即投资收益率排序插入法、累加法和市场提取法。其中投资收益率排序插入法和累加法主要考虑投资的风险因素，适合于报酬率的求取，市场提取法主要依据市场上同类房地产的收益与价格之间的关系，适合于资本化率的求取。

（1）投资收益率排序插入法：由于收益率的大小与投资风险相关，即具有同等风险的各种投资，其收益率应当是相似的。因此，可以通过与估价对象同等风险的其他投资的收益率来求取估价对象的还原利率。具体步骤如下：

第一步，调查、搜集估价对象所在地区的房地产投资、相关投资及其收益率和风险程度的资料，如各种类型的银行存款利率、政府债券利率、公司债券利率、股票收益率等。

第二步，以风险程度为横轴，收益率为纵轴，将所搜集到的各类型投资的收益率按从低到高的顺序排列，做出投资风险和收益率的关系曲线，如图4-4所示。

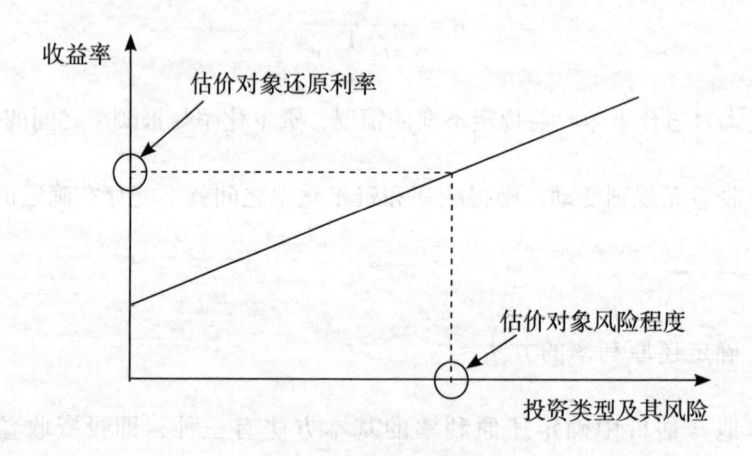

图 4-3 投资收益率排序插入法

第三步，将估价对象的投资风险程度与这些投资进行比较分析，从管理难度、投资的流动性以及作为资产的安全性等角度，判断估价对象的投资风险程度在这些投资类型中的相对位置。

第四步，根据估价对象的投资风险程度在横轴上的位置，找出其在纵轴上对应的位置，从而求取估价对象的收益率，即为还原利率。

（2）累加法：排序插入法虽然综合考虑了多种投资的风险程度和收益率，能够比较准确地反映房地产的投资风险，符合还原利率的本质，但是这种方法需要搜集的资料比较多、工作量大。累加法是一种将问题简化的方法，这种方法首先认为还原利率由无风险收益率和风险收益率两部分构成，然后分别求出每一部分，并累加得到估价对象的还原利率。即：

还原利率＝无风险收益率＋风险报酬率

无风险收益率也可以称为安全利率，是无风险投资的收益率，在同一市场中对于所有投资都相同。由于现实中不存在完全无风险的投资，所以通常选取同一时期相对无风险的投资，如以同一时期的国债利率或银行存款利率，作为无风险收益率。

风险收益率是指承担额外风险所要求的补偿，是对估价对象投资类型及其所在区域、所处市场环境等所存在风险的补偿，通常包括投资风险补偿、管理负担补偿、缺乏流动性补偿。其中，投资风险补偿是指当投资者投资收益不确定、具有一定风险性的项目时，必然会要求对所承担的额外风险有所补偿，否则就不会冒险投资；管理负担补偿是指一项投资所要求的管理成本越高,其投资者期望的收益率越高,从而投资者会要求对所承担的额外管理有所补偿,房地产项目要求的管理成本一般高于存款和债券;缺乏流动性补偿是指投资者投入房地产项目的资金通常投资周期长、变现能力较弱;投资者出售房地产时,由于信息的不对称,交易成本的存在,往往需要较长的时期,因而缺乏流动性,所以投资者往往要求额外的补偿。

投资房地产除了承担风险外,也可能获得某些额外的好处,如更容易获得抵押贷款、可以享受所得税抵扣等。例如,在房地产市场萧条、需求不足时,中央政府和城市政府往往采取相应的货币政策、税收政策刺激需求,这些优惠使投资者相应降低所要求的收益率,这称为投资带来的优惠率。

基于以上分析,可以得到累加法的计算公式,具体为:

还原利率 = 无风险收益率 + 投资风险补偿 + 管理负担补偿 + 缺乏流动性补偿率 − 投资带来的优惠率

(3)市场提取法:投资收益率排序插入法和累加法虽然有充分的理论依据,但是无论是排序插入法中对各类投资风险大小的判断,还是累加法中对无风险报酬率和风险补偿的量化,都不可避免地受到估价人员主观判断的影响,从而使其结果与实际情况出现偏差。市场提取法可以克服这方面的不足,这种方法是利用与估价对象房地产具有类似收益特征的若干可比实例房地产的价格、净收益等资料,将公式$V=\frac{a}{r}$转化为$r=\frac{a}{V}$,分别求出这些可比实例的还原利率,并取其平均值作为估价对象房地产的还原利率。在两种类型的还原利率中,市场提取法更适合于资本化率的求取。

以上介绍了投资收益率排序插入法、累加法和市场提取法。利用累加法进行计算时,计算结果一般高于5%。在我国,房地产资产市场,也就是买卖市场活跃、市场交易率较高,相对而言,租赁市场发展滞后。特别是一线城市,住宅价格上涨较快,而住宅的租金上涨相对较慢,住宅的售租比价过高。所以,在上海、北京以及深圳等城市,利用收益法进行估价时,还原利率取值较低;上海市核心区住宅,在进行估价时,如果采用收益法估价,还原利率一般在2%~3%之间较为合理。因此,利用累加法计算还原利率,计算结果偏高。在估价实务中,可以采用市场提取法来计算还原利率。

(三)收益期限的确定

1. 房地产收益期限

房地产的收益期限是收益法估价需要考虑的又一个重要指标,在净收益和还原利率不变的情况下,收益期限越长,房地产的价格越高。

收益法中房地产的价格是未来收益的资本化,所以收益期限是从估价时点开始,到房地产的合法经济寿命结束的时间,这里的合法经济寿命由建筑物的剩余经济寿命和土地使用权出让的剩余期限共同决定。

建筑物的寿命有自然寿命和经济寿命,自然寿命是建筑物能够正常使用的期限,但是随着建筑物的存续,其收益能力逐渐下降,而维护、维修成本会逐渐上升;建筑物的经济寿命就是指建筑物使用收益大于使用成本的寿命期。建筑物的剩余经济寿命是从估价时点开始到建筑物经济寿命结束的时间段。

土地使用权出让的剩余期限是从估价时点开始到土地使用权出让期满。前已述及,我国城镇土地实行土地所有权和土地使用权相分离的制度,亦即土地有偿使用制度,按照现行法律规定,出让土地使用权期满后,"除居住用地自动续期外,其他用途的土地都需要办理续期手续并缴纳相应费用才能继续使用"。对房地产所有人来讲,某宗房地产所使用的土地使用权期满也就意味着房地产的收益年限结束。

2. 房地产收益期限的确定

根据建筑物的使用期限和土地使用权的年限,在确定房地产的收益年限时,可能会出现以下三种情形:

（1）建筑物经济寿命和土地使用权出让期限同时结束，这时建筑物剩余经济寿命或土地使用权出让剩余年限就是房地产的剩余收益年限。

（2）建筑物经济寿命早于土地使用权出让期限结束，房地产收益年限为估价时点到建筑物经济寿命结束的时间段，如图4-5(a)所示，从估价时点开始到建筑物经济寿命结束共55年，即房地产的未来收益期限为55年。这时房地产的总价格等于房地产的收益价格加上建筑物经济寿命结束时的土地使用权价格折现到估价时点的价格，这部分土地使用权价格的估算不再考虑建筑物的存在，而是另外估算。

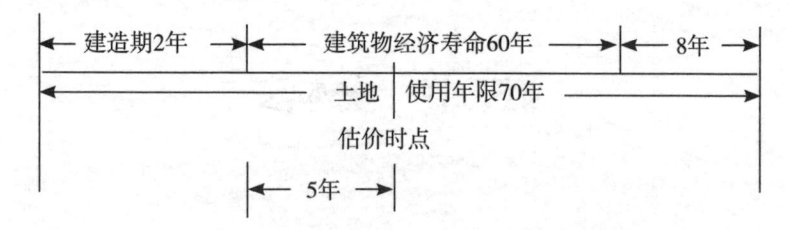

(a) 建筑物经济寿命早于土地使用权期限结束

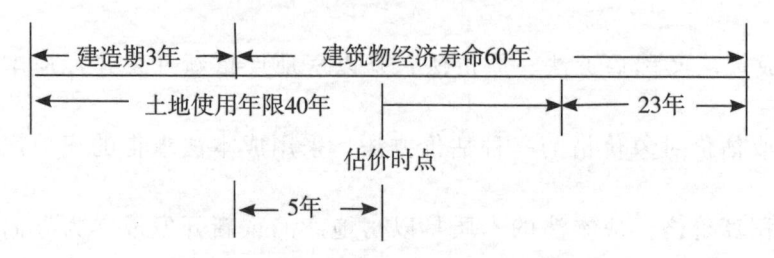

(b) 建筑物经济寿命晚于土地使用权期限结束

图4-4 房地产收益期限的确定

（3）建筑物经济寿命晚于土地使用权期限结束，房地产收益年限为估价时点到土地使用权期限结束的时间段，如图4-5（b）所示，从估价时点到土地使用权期限结束共32年，即房地产的未来收益期限为32年。这时房地产的总价格计算有两种情形：如果土地使用权出让合同中没有约定不可续期，则房地产总价格等于房地产的收益价格加上土地使用权到期时的建筑物残余价格折现到估价时点的价格；如果土地使用权出让合同中已经约定不可续期，且约定土地使用权到期后，土地使用权及地上建筑物一并由国家无偿收回，则房地产总价格就等于土地剩余使用年限中的收益价格。

第三节　成本法

一、成本法的概念

成本法又称逼近法、原价法，是以房地产重新开发建设成本为导向求取估价对象价格的一种估价方法，采用成本法求得的房地产价格又称积算价格。成本法的本质是以房地产的重新开发成本为导向求取待估房地产的价格。成本法是房地产估价的基本方法之一，换个角度讲，这是一种将房地产价格的各组成部分逐项合并，最后加总的方法。

成本法与比较法的区别在于，成本法是始终对待估房地产本身进行计算，比较法则是始终对待估房地产以外的可比实例进行修正计算。

二、成本法的理论依据

成本法的理论依据是生产费用价值论——商品的价格由生产其所必需的费用而决定。从卖方的角度来看，房地产的价格是基于其过去的"生产费用"，重在过去的投入，具体地讲是卖方愿意接受价格的下限，不能低于卖方为开发建设该房地产已花费的代价，如果低于该代价，卖方就要亏本。从买方的角度来看，房地产的价格是基于社会上的"生产费用"，类似于替代原则。具体讲是买方愿意接受价格的上限，如果高于该代价，还不如自己开发建设。例如，当房地产为土地与建筑物合成体的房地时，买方在确定其购买价格时通常会这样考虑：如果自己另外购买一块类似土地时的现时价格是多少，然后在该块土地上建造类似建筑物时的现时费用又是多少，此两者之和即为自己所愿意支付的最高价格。

因此，买卖双方都能接受的价格，既不低于开发建造已花费的代价，也不高于预计重新开发建造所需花费的代价。此时，计算出的估价是一个正常的价格（包括正常的费用、税金和利润）。因此，在实际评估时，可以根据开发建造待估房地产所需的正常费用、税金和利润之和来估算其价格。

三、成本法的适用估价对象和条件

1. 成本法的适用估价对象

成本法适用于新近开发建设完成的房地产（简称新开发的房地产）、可以假设重新开发建设的现有房地产（简称旧的房地产）正在开发建设的房地产（在建工程）计划开发建设的房地产。在房地产保险（包括投保和理赔）及其他房地产损害赔偿中，采用成本法估价。因为在保险事故发生后或其他损失中，房地产的损毁通常是建筑物的局部，需要将其恢复到原状，对于发生建筑物全部损毁的，有时也需要采取重新建造的办法来解决。成本法一般适用于评估那些可独立开发建设的整体房地产的价值。当采用成本法评估局部房地产的价值时，如评估某幢住宅楼中的某套住宅的价值，通常是先评估该住宅楼平均每单位面积的价值，然后在此基础上进行楼层、朝向、装饰装修等因素调整后才可得到该套住宅的价值。成本法主要适用于评估建筑物是新的或者比较新的房地产的价值，不适用于评估建筑物过于老旧的房地产的价值。

2. 成本法适用的条件

现实中，房地产的价格直接取决于其效用，而非花费的成本。也就是说，成本的增加并不一定增加其价值，投入成本不多也不一定说明其价值不高。同时，由于土地的价值具有自然增值性，与投入成本关系不大，所以，成本法在土地估价中的应用受到限制。

成本法估价比较费时费力，测算重新购建价格和折旧也有一定的难度，尤其是那些过于旧的建筑物，往往需要估价人员针对建筑物进行实地勘察，依靠其主观判断进行估价。成本法估价还要求估价人员有专业知识和丰富的经验，特别是要具有良好的建筑、建筑材料、建筑设备和工程造价等方面的专业知识。

四、成本法的操作步骤

运用成本法估价一般分为四个步骤：

（1）弄清估价对象房地产的价格构成，收集相关资料；

（2）测算重新购建价格；

（3）测算建筑物折旧；

（4）求取积算价格。

五、成本法的基本公式

（一）成本法的基本公式

成本法的基本公式为：

房地产价格 = 重新购建价格 − 折旧

上述公式可以根据下列三类待估房地产而具体化：新开发的土地、新建的房地产（分为房地、建筑物两种情况）、旧房地产（分为房地、建筑物两种情况）。其估计公式是在基本公式的基础上做相应调整。此外，新开发的土地和新建的房地产采用成本法估价时，一般不扣除折旧，但应考虑其工程质量、周围环境和房地产市场等因素给予适当修正。例如，当遇到房地产开发投入成本高而售租市场不景气，或投入成本低而市场需求旺盛等房地产市场状况时，房地产市场因素将会对房屋价格产生影响，在进行评估时应注意从市场角度看成本法的估价问题，适当给予减价或加价的调整。

（二）适用于新开发土地的基本公式

新开发的土地包括开山造地、填海造地、征用农地并进行"三通一平""五通一平"或"七通一平"等基础设施建设，以及城市房屋拆迁并进行场地平整和清理及道路和市政设施改造等。在这些情况下，成本法的基本公式为：

新开发的房地价格＝土地取得成本＋开发成本＋管理费用＋销售费用＋投资利息＋销售税费＋开发利润

具体方法是根据房地产价格构成，先分别求取各个组成部分，然后将它们相加。其中，土地是从生地开始还是从毛地、熟地开始，要根据价值时点类似房地产开发取得土地的情况来考虑。

上述新开发房地产的基本公式，在具体情况下还会有具体形式。例如，成片开发完成后的熟地（如新开发区土地）的成本法估价公式如下：

新开发区某宗土地的单价＝取得开发区用地总成本＋土地开发总成本＋总管理费＋总投资利息＋总销售费用＋总销售税费＋总开发利润（开发区用地总面积×开发完成后可转让土地面积的比率）×用途区位等因素修正系数。

（三）适用于新建房地产的基本公式

新建成的建筑物价格为建筑物建设成本及与该建设成本相应的管理费用、销售费用、投资利息、销售税费和开发利润，不包含土地取得成本、土地开发成本以及与土地取得成本、土地开发成本相应的管理费用、销售费用、投资利息、销售税费和开发利润。因此，测算新建成的建筑物价格的公式为：

新建成的建筑物价格＝建筑物的建设成本＋管理费用＋销售费用＋投资利息＋销售税费＋开发利润

(四)适用于旧有房地产的基本公式

旧有房地产的成本法估价基本公式为：

旧有房地产价格＝房地产的重新建造完全价格－建筑物的折旧

式中房地产的重新建造完全价格＝土地重新取得价格＋建筑物重新购建价格。

值得注意的是，必要时还应扣除由于旧建筑物的存在而导致的土地价值减损。

例如，评估没有保护价值的旧城区危房或破损严重的住宅时，拆除该住宅建筑的费用即为土地价值的减损。

对旧有建筑物的成本法的基本公式为：

旧有建筑物价格＝建筑物重新购建价格－建筑物的折旧

要求在运用成本法时注意"通近"，其中最主要的是：要区分实际成本和客观成本。实际成本是某个开发商的实际花费，客观成本是假设开发建造时大多数开发商的正常花费，由于各开发商对同一项目进行开发的实际花费是不一样的，估价时应反映该项目的客观合理价格，故在估价中应采用客观成本，而不是实际成本；结合市场供求来确定评估价格，当市场供大于求时，价格应向下调整。

土地成本的求取：若土地是在既成的城市建成区内，难以把握其重新开发成本时，则通常是采用比较法或收益法等其他估价方法，求取假设地上建筑物不存在时的实地价格。

六、重新购建价格的确定

（一）重新购建价格的概念

重新购建价格是假设在价值时点重新取得或重新开发、重新建造全新状况的估价对象所需的一切合理的和必要的费用、税金，以及应得到利润之和。

在这里，应特别记住下列三点。

（1）重新购建价格是价值时点时的。价值时点并不总是"现在"，也可能为"过去"。如房地产纠纷案件，通常是以过去为价值时点。

（2）重新购建价格是客观的。重新购建价格不是个别企业或个人的实际耗费，而是社会一般的公平耗费，是客观成本，不是实际成本。如果实际耗费超出了社会一般的平均耗费，超出的部分不仅不能形成价格，而且是一种浪费；而低于社会一般平均耗费的部分，不会降低价格，只会形成个别企业或个人的超额利润。

（3）建筑物的重新购建价格是全新状况下的价格，未扣除折旧；

土地的重新购建价格（具体为重新取得价格或重新开发成本）是在价值时点状况下的价格。

（二）重新购建价格的求取思路

1.求取房地产的重新购建价格

求取房地产重新购建价格有房地合价、房地分估和房地整估三个路径。这三个路径在实际估价中的选择额，应根据估价对象状况和土地市场状况进行。房地合估路径主要适用于估价对象为可独立开发建设的整体房地产，如一栋办公楼、一幢厂房。房地分估路径主要适用于两种情况：一是土地市场上以能直接在其上进行房屋建设的小块熟地交易为主，如农村、小城镇的独栋房屋；二是有关成本、费用、税金和利润较容易在土地和建筑物之间进行分配。房地整估路径主要适用于估价对象有较多与其相似的有交易的新的房地产，如一幢旧住宅楼中的一套住宅、一幢旧写字楼中的一间办公用房。

2.求取土地的重新购建价格

求取土地的重新购建价格，通常是假设该土地上没有建筑物，除此之外的状况均维持不变，然后采用比较法、基准地价修正法等求取该土地的重新购置价格。这种求取思路特别适用于城市建成区内难以求取重新开发成本的土地。求取土地的重新购建价格，也可以采用成本法求取其重新开发成本。因此，土地的重新购建价格进一步分为重新购置价格和重新开发成本。在求取旧的土地特别是其中建筑物破旧的土地重新购建价格时应注意，有时需要考虑土地上已有的旧建筑物导致的土地价值减损，即此时空地的价值大于已有旧的建筑物的土地价值，甚至大于已有旧的建筑物的房地价值。

3. 求取建筑物的重新购建价格

求取建筑物的重新购建价格，是假设该建筑物所占用的土地已经取得，并且该土地为没有该建筑物的空地，但除没有该建筑物之外，其他状况均维持不变，然后在该土地上建造与该建筑物相同或者具有同等效用的全新建筑物的必要支出和应得利润；也可以设想将该全新建筑物发包给建筑承包商（建筑施工企业）建造，由建筑承包商将能直接使用的全新建筑物移交给发包人，这种情况下发包人应支付给建筑承包商的全部费用（建设工程价款或工程承发包价格），再加上发包人的其他必要支出（如管理费用、销售费用、投资利息、销售税费等）及发包人的应得利润。

（三）建筑物重新购建价格的求取方式

按照建筑物重新建造方式的不同，建筑物重新购建成本分为重置成本和重建成本。这两种成本可以说是两种重新购建成本基准，分别称为重置成本基准和重建成本基准。

建筑物重置成本也称为建筑物重置价格，是采用价值时点的建筑材料、建筑构配件和设备及建筑技术、工艺等，在价值时点的国家财税制度和市场价格体系下，重新建造与估价对象中的建筑物具有相同效用的全新建筑物的必要支出及应得利润。

建筑物重建成本也称为建筑物重建价格，是采用与估价对象中的建筑物相同的建筑材料、建筑构配件和设备及建筑技术、工艺等，在价值时点的国家财税制度和市场价格体系下，重新建造与估价对象中的建筑物完全相同的全新建筑物的必要支出及应得利润。这种重新建造方式即是复原建造，可形象地理解为"复制"。因此，进一步说，重建成本是在原址，按照原有规格和建筑形式，使用与原有建筑材料、建筑构配件和设备相同的新的建筑材料、建筑构配件和设备，采用原有建筑技术和工艺等，在价值时点的国家财税制度和市场价格体系下，重新建造与原有建筑物相同的全新建筑物的必要支出及应得利润。

重建成本与重置成本不同。一般的建筑物适用重置成本，具有历史、艺术、科学价值或代表性的建筑物适用重建成本。因年代久远、已缺少与旧建筑物相同的建筑材料、建筑构配件和设备，或因建筑技术、工艺改变等使得旧建筑物复原建造有困难的建筑物，一般只有部分或全部使用重置成本，并尽量做到"形似"。重置成本是科技进步的结果，也是"替代原理"的体现。科技进步使得原有的许多材料、设备、结构、技术、工艺等过时落后或成本过高。而采用新的材料、设备、结构、技术、工艺等，不仅功能更加完善，而且成本会降低，所以重置成本通常低于重建成本。

（四）建筑物重新购建价格的求取方法

建筑物的重新购建价格可以采用比较法、成本法求取，也可以通过政府或者其授权的部门公布的房屋重置价格、房地产市场价格扣除其中可能包含的土地价格来求取；建筑物的重新购建价格实际估算方法主要有四种：单位比较法、分部分项法、工料测量法和指数调整法。

1. 单位比较法

单位比较法是估算建筑物成本应用最广泛及最实用的方法，单位比较法主要有单位面积法和单位体积法。

（1）单位面积法又称平方法，是根据当地近期建成的类似建筑物的单位面积重置价，对其存在的差异做适当的调整修正，然后乘以估价对象建筑物的面积来估算建筑物的重新购建价格。这种方法主要适用于造价与面积关系较大的房屋，如住宅、办公楼等。

（2）单位体积法与单位面积法相似，是调查、了解在价值时点近期建成的类似建筑物的单位体积建筑安装工程费，然后对其进行适当的修正、调整。这种方法主要适用于同一类型的建筑物的单位体积建筑安装工程费基本相同的建筑物，如储油罐、地下油库等。

2.分部分项法

分部分项法是先假设将估价对象建筑物分解为各个的构件或分部分项工程，并测算每个独立构件或分部分项工程的数量，然后调查了解价值时点时的各个独立构件或分部分项工程的单位价格或成本，最后将各个独立构件或分部分项工程的数量乘以相应的单位价格或成本后相加，再加上相应的专业费用、管理费用、销售费用、投资利息、销售税费和开发利润，来求取建筑物重新购建价格的方法。

在运用分部分项法测算建筑物的重新购建价格时，需要注意以下两点。

（1）应结合各个构件或分部分项工程的特点使用计量单位，有的要用面积，有的要用体积，有的要用长度，有的要用容量（如kW、kV·A）。例如，基础工程的计量单位通常为体积，墙面抹灰工程的计量单位通常为面积，楼梯栏杆工程的计量单位通常为延长米。

（2）既不要漏项也不要重复计算，以免造成测算不准。

3.工料测量法

工料测量法是先假设将估价对象建筑物还原为建筑材料、建筑构配件和设备，并测算重新建造该建筑物所需要的建筑材料、建筑构配件、设备的种类、数量和人工时数，然后调查、了解价值时点时相应的建筑材料、建筑构配件、设备的单价和人工费标准，最后将各种建筑材料、建筑构配件、设备的数量和人工时数乘以相应的单价和人工费标准后相加，再加上相应的专业费用、管理费用、销售费用、投资利息销售税费和开发利润来求取建筑物重新购建价格的方法。

工料测量法的优点是详细、准确，缺点是比较费时、费力并需要其他专家（如建筑师、造价工程师）的参与，主要用于具有特殊价值的建筑物估价。

4. 指数调整法

指数调整法是利用有关价格指数或变动率，将估价对象建筑物的原始成本调整到价值时点的现行成本估算建筑物重新购建价格的方法。这种方法主要用于检验其他方法的测算结果。

将原始价值调整到价值时点的价值的具体方法，与比较法中交易日期修正的方法相同。

七、建筑物的折旧

（一）建筑物折旧的定义和原因

1. 建筑物折旧的定义

估价上的折旧与会计上的折旧，虽然都称为折旧，但两者的内涵与本质是不同的。估价上的建筑物折旧是指由于各种原因造成的建筑物价值损失，其金额为建筑物在价值时点的市场价格与在价值时点的重新购建价格之差，即：

建筑物折旧＝建筑物重新购建价格－建筑物市场价格

建筑物的重新购建价格表示建筑物在全新状况下所具有的价值，将其减去建筑物折旧相当于进行减价调整，其所得的结果则表示建筑物在价值时点状况下所具有的价值。

2. 建筑物折旧的原因

引起建筑物折旧的原因是多方面的，具体又可分为物质折旧、功能折旧和经济折旧三大类。

（1）物质折旧。物质折旧也称为有形损耗，是指建筑物在实体上的老化、磨损、损坏所造成的建筑物价值损失，其主要原因有四个：

1）自然经过的老化。自然经过的老化主要是由自然力作用引起的，如风吹、日晒、雨淋等引起的建筑物腐朽、生锈、风化、基础沉降等，它与建筑物的实际经过年数（建筑物从竣工之日起到价值时点止的日历年数）正相关。同时还要看建筑物所在地区的气候和环境条件，如酸雨多的地区，建筑物老化就快。

2）正常使用的磨损。正常使用的磨损主要是由人工使用引起的，如使用过程中的磨损，以及受到废气、废液等的不良影响等。

3）意外破坏的损毁。意外破坏的损毁主要是由突发性的天灾人祸引起的，如地震、水灾、风灾、雷击；人为方面的，如失火、碰撞等。对于这些损毁即使进行了修复，也可能仍然有"内伤"。

4）延迟维修的损坏残存。延迟维修的损坏残存主要是由于没有适时地采取预防、养护措施或者修理不及时所引起的，它造成建筑物不应有的损坏或提前损坏，或者已有的损坏仍然存在，如门窗有破损，墙体或地面有裂缝、洞等。

（2）功能折旧。功能折旧也称为无形损耗，是指建筑物在功能上的相对缺乏、落后或过剩所造成的建筑物价值损失。导致建筑物功能相对缺乏、落后或过剩的原因，可能是建筑设计上的缺陷、过去的建筑标准过低、人们的消费观念改变、建筑技术进步、出现了更好的建筑物等。

（3）经济折旧。经济折旧又称外部折旧，是指建筑物本身以外的各种不利因素所造成的建筑物价值损失。不利因素可能是经济因素（如市场供给过量或需求不足）、区位因素（如环境改变，包括自然环境恶化、环境污染、交通拥挤、城市规划改变等），也可能是其他因素（如政府政策变化等）。例如，一个高级居住区附近兴建了一座工厂，使得该居住区的房地产价值下降，这就是一种经济折旧。这种经济折旧一般是永久性的。再如，在经济不景气时期的高税率、高失业率等，使得房地产的价值下降，这也是一种经济折旧。但这种现象不会永久存在，在经济复苏后，这种经济折旧也就消失了。

（二）建筑物折旧的求取方法

建筑物折旧的求取方法有年限法、市场提取法和分解法。

1. 年限法

年限法又称年龄—寿命法，是根据建筑物的经济寿命、有效经过年数或剩余经济寿命来求取建筑物折旧的方法。

（1）建筑物的寿命分为自然寿命和经济寿命。自然寿命又称物理寿命，是指建筑物从建成之日起到不堪使用时的年限。建筑物的经济寿命是指从建筑物竣工之日开始到建筑物对房地产价值不再有贡献为止的时间。经济寿命应根据建筑物的建筑结构用途和维修保养情况结合市场状况、周围环境、经营收益状况等综合判断。如收益性建筑物的经济寿命，具体是从建筑物竣工之日开始在正常市场和运营状态下产生的收入大于运营费用的持续时间，如图4-6所示。

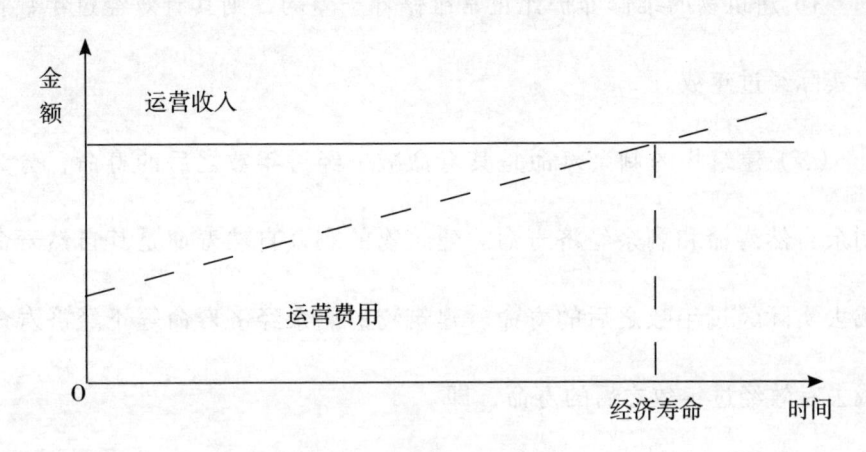

图 4-5 建筑物的经济寿命

（2）建筑物的经过年数分为实际经过年数和有效经过年数。建筑物的实际经过年数是指从建筑物竣工之日开始到价值时点为止的日历年数，类似于人的实际年龄。建筑物的有效经过年数是指价值时点时的建筑物状况和效用所显示的经过年数，类似于人看上去的年龄。建筑物的有效年龄与实际年龄不完全一致，类似于有的人看上去比实际年龄小，有的人看上去比实际年龄大。实际年龄是估计有效年龄的基础，即有效年龄通常是在实际年龄的基础上进行适当调整后得到的：

1）建筑物的维修养护是正常的，则其有效经过年数与实际经过年数相当；

2）建筑物的维修养护比正常维修养护好或者经过更新改造的，则其有效经过年数短于实际经过年数；

3）建筑物的维修养护比正常维修养护差的，则其有效经过年数长于实际经过年数。

（3）建筑物的剩余寿命是其寿命减去经过年数之后的寿命，分为剩余自然寿命和剩余经济寿命。建筑物的剩余自然寿命是其自然寿命减去实际经过年数之后的寿命。建筑物的剩余经济寿命等于经济寿命减去有效经过年数之后的寿命，即

剩余经济寿命 = 经济寿命 - 有效经过年数

因此，如果建筑物的有效经过年数大于实际经过年数，就会延长建筑物的剩余经济寿命；反之，就会缩短建筑物的剩余经济寿命。如果建筑物的有效年龄小于实际年龄，就相当于建筑物比其实际竣工之日晚建成。此时，建筑物的经济寿命可视为从这个晚建成之日开始到建筑物对房地产价值不再有贡献为止的时间。

利用年限法求取建筑物折旧时，建筑物的寿命应为经济寿命，经过年数应为有效经过年数，剩余寿命应为剩余经济寿命。只有这样，求出的建筑物折旧，进而求出的建筑物价值，才能符合实际。因为两幢同时建成的完全相同的建筑物，如果维修养护不同，其市场价格就会不同，但如果采用实际经过年数计算折旧，那么它们的价格就会是完全相同的。进一步来说，新近建成的建筑物未必完好，其价值未必高；而较早建成的建筑物未必损坏严重，其价值未必低。

2.市场提取法

市场提取法是利用与待估价建筑物具有类似折旧状况的建筑物的可比实例，来求取待估价建筑物折旧的方法。

市场提取法是基于先知道旧的房地价值，然后利用适用于旧房地的成本法公式反求出建筑物折旧。适用于旧房地的成本法公式为：

旧的房地价值＝土地重新购建价格＋建筑物重新购建价格－建筑物折旧

在假设建筑物残值率为零的情况下，该方法求取建筑物折旧的步骤和主要内容如下：

（1）大量收集交易实例。

（2）从交易实例中选取3个以上与估价对象建筑物具有类似折旧程度的可比实例。

（3）对可比实例成交价格进行付款方式、交易情况等有关换算、修正和调整。

（4）求取可比实例在其成交日期时的土地价值，将可比实例的成交价格减去该土地价值得出建筑物的折旧后价值。

（5）求取可比实例在其成交日期时的建筑物重新购建价格，将该建筑物重新购建价格减去建筑物折旧后价值得出建筑物折旧。

（6）根据知道的房地价值、土地重新购建价格、建筑物重新购建价格，便可以求出建筑物折旧，从而进一步求出其总折旧率（可比实例的建筑物折旧除以建筑物重新购建价格）或年平均折旧率，如果可比实例的经过年数与估价对象的经过年数相近，求出的各可比实例折旧率的范围较窄，则可将可比实例折旧率调整为适合估价对象的折旧率。

如果各可比实例的经过年数、区位、维修养护程度等之间有差异，求出的各可比实例折旧率的范围较宽，则应将每个可比实例的折旧率除以其经过年数转换为年折旧率，然后将年折旧率的范围调整为适合估价对象的年折旧率。

（7）将估价对象建筑物的重新购建价格乘以折旧率，或者乘以年折旧率再乘以其经过年数，便可求出估价对象建筑物的折旧。

利用市场提取法求出的年折旧率，还可以求取年限法所需要的建筑物经济寿命，即

$$建筑物经济寿命 = \frac{1}{年折旧率}$$

3. 分解法

分解法是对建筑物各种类型的折旧分别予以分析和估算，然后将它们加总来求取建筑物折旧的方法。它是求取建筑物折旧最详细、最复杂的一种方法。

分解法认为，建筑物各种类型的物质折旧、功能折旧和经济折旧应根据各自的具体情况分别采用适当的方法来求取，即

建筑物折旧 = 物质折旧 + 功能折旧 + 经济折旧

在求取各类型折旧时，又将其分为可修复项目和不可修复项目两类。修复是指恢复到新的或者相当于新的状况，有的是修理，有的是更换。预计修复所必要的费用小于或者等于修复所能带来的房地产价值增加额的，是可修复的；反之，是不可修复的。

对于可修复项目，估算在价值时点采用最优修复方案使其恢复到新的或者相当于新的状况下所必需的费用作为折旧额。

对于不可修复项目，根据其在价值时点的剩余使用寿命是否短于整体建筑物的剩余经济寿命，将其分为短寿命项目和长寿命项目两类。短寿命项目是剩余使用寿命短于整体建筑物剩余经济寿命的部件、设备、设施等，它们在建筑物剩余经济寿命期间迟早需要更换甚至可能更换多次。长寿命项目是合在一起，根据建筑物重新购建价格减去可修复项目的修复费用和各短寿命项目的重新购建价格后的余额、建筑物的经济寿命、有效年龄或剩余经济寿命，利用年限法计算折旧额。

（三）求取建筑物折旧应注意的问题

（1）估价上的折旧与合计上的折旧区别。在求取建筑物折旧时，应注意估价上的折旧与会计上的折旧的本质区别：估价上的折旧注重的是市场价值的真实减损，科学地说不是"折旧"，而是"减价调整"；会计上的折旧注重的是原始价值的分摊、补偿或回收。

（2）土地使用期限对建筑物经济寿命的影响。求取建筑物折旧时应注意土地使用年限对建筑物经济寿命的影响。在实际估价中，土地是有期限的使用权，建筑物经济寿命结束的时间可能与土地使用年限届满的时间不一致，因此，计算建筑物折旧所采用的经济寿命遇到下列情况时的处理方式为：

1）建筑物的经济寿命早于土地使用年限而结束的，应按照建筑物的经济寿命计算建筑物的折旧。

2）建筑物经济寿命晚于土地使用期限结束的，分为在土地使用权出让合同中未约定不可续期和已约定不可续期两种情况。对于在土地使用权出让合同中未约定不可续期的，应按照建筑物经济寿命计算建筑物折旧；对于在土地使用权出让合同中已约定不可续期的，应按照建筑物经济寿命减去其晚于土地使用期限的那部分寿命后的寿命计算建筑物折旧。

第四节 假设开发法

一、假设开发法的含义

假设开发法是房地产估价实践中一种科学而实用的评估方法，又称开发法、预期开发法、余值法、剩余法、倒推法、残余法等。它是通过估算估价对象在未来开发完成后的价值和后续开发建设的预计开发成本、税费和应得利润，然后用开发完成后的房地产价值减去后续开发建设的开发成本、税费和应得利润，来求得估价对象在价值时点的价值的方法。

假设开发法的本质是以房地产的预期开发后的价值为导向求取估价对象的价值。

假设开发法在房地产投资、可行性研究、策划、咨询以及土地使用权出让的招投标中具有广泛的应用。

运用假设开发法估价必须考虑资金的时间价值，即考虑资金的增值和机会成本等因素。在实际操作中宜采用折现的方法，难以采用折现的方法时，可采用计算利息的方法，也就是所谓的传统方法。

二、假设开发法的理论依据

假设开发法的基本理论依据与收益法相同,是预期原理。假设开发法估价的基本思路,可由房地产开发商为取得待开发土地使用权而确定拍卖或投标价格的思路来理解。假设有一块土地,预计具有良好的开发和增值潜力,政府拟对该土地使用权以拍卖或公开招标方式出让。假如某房地产开发商有意参与该土地的竞拍或竞标,可以通过如下思路和过程来考虑获得土地的出价:

(1)分析该土地的坐落位置。土地的位置与土地的价格以及将来开发出的房地产价格之间有着密切关系,包括交通条件、商业繁华程度、周围环境等区位条件;土地面积、形状、规划允许的用途、建筑容积率、建筑覆盖率、建筑高度等自身条件。

(2)确定土地规划用途。即是开发成商业楼还是写字楼,或是住宅楼;是用途单一的楼,还是综合楼;如何布局等。

(3)估计开发利润。在确定期望利润时,既不能过低,因为若低于正常的平均利润率则不符合投资者的投资期望;也不能过高,因为若确定的利润较高的话,必将降低开发商获得土地使用权的投标报价,在竞投中处于不利地位。

（4）预计该房地产项目开发完成后的销售价格或租赁价格，并估算开发该房地产所需要的时间及所需要的建安工程费、专业费、管理费、销售费用和正常税费等全部成本。

有了这些以后，便知道了愿意为这块土地支付的最高价格是多少。毫无疑问，它等于预测的开发完成后的价值，减去各种开发成本、费用以及利息、税费和利润之后所剩的数额。

可以看出，假设开发法在形式上是评估新建房地产价格的成本法的倒算法。两者的主要区别是：成本法中的土地价格为已知，需要求取的是开发完成后的房地产价格；假设开发法中开发完成后的房地产价格已事先通过预测得到，需要求取的是土地价格。

假设开发法最初主要运用于待开发土地价格的评估，更深一层的是地租原理。两者的差异是，地租是每年的租金剩余，假设开发法通常估算的是一次性的价格剩余。根据马克思的土地价格理论，一切地租都是剩余价格，是剩余劳动的产物。具体地看，地租是由土地产品的价格所决定的，是扣除了其他生产费用的余额，即：

地租＝市场价格－成本－利润－利息－税费

三、假设开发法的适用估价对象和条件

1. 假设开发法的适用估价对象

假设开发法适用的估价对象不仅是上述房地产开发用地，凡是具有开发或再开发潜力并且其开发完成后的价值可以采用比较法、收益法等方法求取的房地产，都适用假设开发法估价，包括可供开发建设的土地（包括生地、毛地、熟地，典型的是房地产开发用地）、在建工程（包括房地产开发项目）、可重新装饰装修改造或改变用途的旧的房地产（包括重新装饰装修、改建、扩建，如果是重建就属于毛地的范畴）。以下我们将这类房地产统称为"待开发房地产"。

对于有城市规划设计条件要求，但城市规划设计条件尚未正式明确的待开发房地产，难以采用假设开发法估价。如果在这种情况下仍然需要估价的话，估价人员必须将该最可能的城市规划化设计条件作为估价的假设和限制条件，并在估价报价中做出特别提示，说明它的性质及对估价结果的影响（包括它的变化对估价结果可能产生的影响），或者估价结果对它的依赖性。

2. 假设开发估价需要具备的条件

在运用假设开发法中，因为估测的大部分数据发生在未来，如果房地产开发周期长，不确定因素会对估测的数据有较大的影响，所以，

在运用假设开发法时，要满足一定的条件，才能保证数据的可靠性。这些条件包括估价本身条件和外部条件。

（1）估价本身条件。估价本身的条件主要有两方面：第一，坚持合法原则，正确判断土地开发用途，确定房地产的最佳开发利用方式（包括用途、建筑规模、档次）；第二，对当地房地产市场行情或供求状况有较为准确的把握，主要是正确地预测开发完成后房地产的价值，开发费用、税费、开发利润等，都有经验数据可以借鉴或者有国家规定的标准，所以测算较为简单。

（2）外部条件。运用假设开发法估价的效果如何，除了取决于对假设开发法本身的掌握外，还要求有一个良好的社会经济环境，包括以下条件：

1）要有一个明朗、开放及长远的房地产政策环境；

2）要有一个统一、严谨及健全的房地产法制环境；

3）要有一个完整、公开及透明度高的房地产行政环境；

4）要有一个稳定、清晰及全面的内部运作环境；

5）要有一个长远、公开及稳定的市场环境。

如果这些条件不具备，就会对假设开发法的运用造成困难或影响其客观性和可靠性。

四、假设开发法的基本公式

(一) 假设开发法基本公式

1. 假设开发法的基本公式

待开发房地产的价值 = 开发完成后的房地产价值 — 开发成本 — 管理费用 — 销售费用 — 投资利息 — 销售税费 — 开发利润 — 投资者购买待开发房地产应负担的税费

2. 土地剩余法的计算公式

根据剩余法的基本思路，其基本公式为

$V = A - (B + C + D + E)$

式中

V——购置土地的价格；

A——开发完成后的不动产价值；

B——整个开发项目的开发成本；

C——投资利息；

D——开发商合理利润；

E——正常税费。

3. 剩余法的一个较具体的计算公式

低价＝预期楼价－建筑费－专业费用－销售费用－利息－税费－利润

利息＝（地价＋建筑费用＋专业费用）×利息率；利润＝（地价＋建筑费用＋专业费用）×利润率。

（二）基本公式计算中各项的求取

1. 后续开发经营期

为了预测后续开发的各项必要支出及开发完成后的价值发生的时间和金额，便于进行折现或测算后续开发的应得利润，需要预测后续开发经营期。后续开发经营期简称"开发经营期"，其起点是（假设）取得估价对象（待开发房地产）的日期（价值时点），终点是未来开发完成后的房地产经营结束的日期，即开发经营期是自价值时点起至未来开发完成后的房地产经营结束时止的时间，可分为后续建设期和经营期。

（1）后续建设期简称"建设期"，其起点与开发经营期的起点相同，终点是未来开发完成后的房地产竣工之日，即建设期是自价值时点起至未来开发完成后的房地产竣工之日止的时间，可分为前期和建造期。

（2）后续经营期简称"经营期"，可根据未来开发完成后的房地产的经营方式而具体化。由于未来开发完成后的房地产经营方式有出售、出租和自营，所以经营期可具体化为销售期（针对出售这种情况）和运营期（针对出租和自营两种情况）。销售期是自未来开发完成后的房地产开始销售时起至其售出时止的时间。在有预售的情况下，销售期与建设期有重合。在有延迟销售的情况下，销售期与运营期有重合。运营期是自未来开发完成后的房地产竣工之日起至其持有期或经济寿命结束时止的时间，即运营期的起点是未来开发完成后的房地产竣工之日，终点是未来开发完成后的房地产的一般正常持有期结束之日或经济寿命结束之日。

开发经营期、建设期、经营期等之间的关系如图4-7所示。

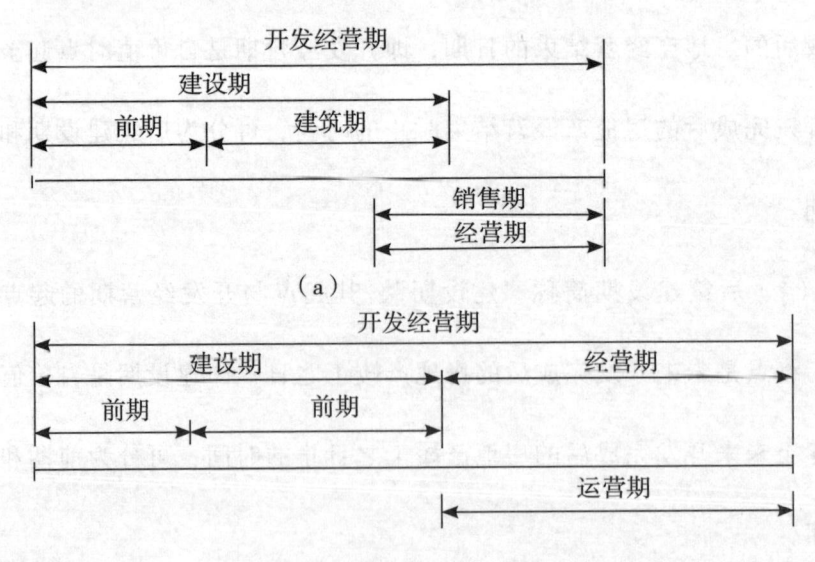

图 4-6 开发经营期及其构成

预测开发经营期,宜先把开发经营期进行拆分,然后分别预测出各个组成部分,再把预测出的各个组成部分连接起来。其中,建设期的预测要相对容易些,经营期特别是销售期通常难以准确预测。

在预测建设期时,前期的预测相对较困难,建造期一般能较准确地预测。预测建设期的关键是先抓住待开发房地产状况和未来开发完成后的房地产状况这两头。然后估算将待开发房地产状况开发成未来开发完成后的房地产状况所需的时间。估算的方法,一是根据往后需要做的各项工作所需的时间来直接估算建设期。二是采用"差额法",如采用类似于比较法的方法,即通过类似房地产已发生的建设期的比较、修正或调整,先分别求取未来开发完成后的房地产的建设期和待开发房地产的建设期,然后将这两个建设期相减即为估价对象的后续建设期。例如,估算估价对象为某个商品房在建工程的后续建设期,通过比较法得到类似商品房开发项目的正常建设期为 30 个月,该在建工程的正常建设期为 18 个月,则后续建设期为 12 个月。

在预测经营期时,销售期的预测要考虑未来房地产市场景气状况,运营期的预测主要是考虑未来开发完成后的房地产的一般正常持有期或经济寿命。

2. 开发完成后的房地产价值

开发完成后的房地产价值,是指开发完成后的房地产状况所对应的价值。以商品房在建工程为例,预计开发完成后的商品房为毛坯房的,则对应的应是毛坯房的价值;预计开发完成后的商品房为粗装修房的,则对应的应是粗装修房的价值;预计开发完成后的商品房为精装修房的,则对应的应是精装修房的价值。

在实际估价中,对于出售的房地产,开发完成后的房地产价值一般是在其开发完成之时的房地产市场状况下的价值;但当房地产市场较好而适宜采取预售的,则是在其预售时的房地产市场状况下的价值;当房地产市场不好而需要延迟销售的,则是在其延迟销售时的房地产市场状况下的价值。

对于出租或营业的房地产,如写字楼、商店、旅馆、餐馆等,预测其开发完成后的价值,可以先预测其租赁或经营收益,再采用收益法将该收益转换为价值。

3. 后续开发的必要支出

后续开发的必要支出是将估价对象开发建设成未来开发完成后的房地产必须付出的各项成本、费用和税金,即将待开发房地产状况"变成"未来开发完成后的房地产状况所必须付出的待开发房地产取得税费，以及后续的建设成本、管理费用、销售费用、投资利息、销售税费。这些都是在假设开发法测算中应减去的项目，统称为"扣除项目"。它们的估算方法与成本法中的估算方法基本相同，但要注意两点区别：

（1）它们本质上应是预测的扣除项目在未来发生时的值，而不是在价值时点的值（但在静态分析法中，将它们近似为价值时点的值）。

（2）它们是在取得待开发房地产之后到把待开发房地产开发完成的必要支出，而不包括在取得待开发房地产之前所发生的支出。

待开发房地产取得税费是假定在价值时点购置待开发房地产，此时应由购置者（买方）缴纳的有关税费，如契税、印花税等。该项税费通常是根据税法及中央和地方政府的有关规定，按照待开发房地产价值的一定比例来测算。

后续开发的建设成本、管理费用、销售费用等必要支出的多少，要与未来开发完成后的房地产状况相对应。例如，同一待开发房地产，未来开发完成后的房地产为毛坯房的后续开发的必要支出，要少于简装房的后续开发的必要支出；简装房的后续开发的必要支出，要少于精装房的后续开发的必要支出。特别是未来开发完成后的房地产为"以房地产为主的整体资产"的，后续开发的必要支出通常还应包括家具、机器设备等房地产以外的其他资产的价值或购买价款。

投资利息只有在静态分析法中才需要测算。在测算投资利息时要把握应计息项目、计息周期、计息期、计息方式和利率。其中，应计息项目包括待开发房地产价值及其取得税费，以及后续开发的建设成本、管理费用和销售费用。销售税费一般不计算利息。一项费用的计息期的起点是该项费用发生的时点，终点通常是建设期的终点，一般不考虑预售和延迟销售的情况。另外值得注意的是，待开发房地产价值和待开发房地产取得税费是假设在价值时点一次性付清，因此其计息的起点是价值时点。后续开发的建设成本、管理费用、销售费用通常不是集中在一个时点发生，而是分散在一段时间内（如开发期间或建造期间）不断发生，但计息时通常将其假设为在所发生的时间段内均匀发生，并具体视为集中发生在该时间段的期中。发生的时间段通常按年来划分，精确地测算要求按半年、季或月来划分。

4. 折现率

折现率是在采用现金流量折现法时需要确定的一个重要参数，与报酬资本化法中的报酬率的性质和求取方法相同，具体应等同于同一市场上类似房地产开发项目所要求的平均报酬率，它体现了资金的利率和开发利润率两部分。

（三）按估价对象细化的公式

上述假设开发法最基本的公式，按估价对象状况可具体细化如下：

1. 求生地价值的公式

（1）适用于在生地上进行房屋建设的公式

生地价值＝开发完成后的房地产价值－由生地建成房屋的开发成本－管理费用－销售费用－投资利息－销售费用－开发利润－买房购买生地应负担的税费

（2）适用于将生地开发成熟地的公式

生地价值＝开发完成后的熟地价值－由生地开发成熟地的开发成本－管理费用－销售费用－投资利息－销售税费－土地开发利润－买房购买生地应负担的税费

2. 求毛地价值的公式

（1）适用于在毛地上进行房屋建设的公式

毛地价值＝开发完成后的房地产价值－由毛地建成房屋的开发成本－管理费用－销售费用－投资费用－投资利息－销售税费－开发利润－买方购买毛地应负担的税费

（2）适用于将毛地开发成熟地的公式

毛地价值＝开发完成后的熟地价值－由毛地开发成熟地的开发成本－管理费用－销售费用－投资利息－销售税费－土地开发利润－买方购买毛地应负担的税费

3. 求熟地价值的公式

熟地价值＝开发完成后的房地产价值－由熟地建成房屋的开发成本－管理费用－销售费用－投资利息－销售税费－开发利润－买方购买熟地应负担的税费

4. 求在建工程价值的公式

在建工程价值＝续建完成后的房地产价值－续减成本－管理费用－销售费用－投资利息－销售税费－续建投资利润－买方购买在建工程应负担的税费

5. 求旧房价值的公式

旧房价值＝装修改造完成后的房地产价值－装修改造成本－管理费用－销售费用－投资利息－销售税费－装修改造投资利润－买房购买旧房应负担的税费

五、现金流量折现法和传统方法

（一）现金流量折现法和传统方法的定义

所谓现金流量折现法，即动态分析法，是将所有的项目，均按其在实际发生时点的数额贴现到价值时点的值代入公式，这时公式中所有项目都对应于价值时点。这时对各项时间价值的处理方式是分别将各项折现到价值时点上的价值。

现金流量折现法是一种考虑资金时间价值的评价方法。这种方法较全面和客观地反映估价对象整个寿命期的经济效果，是利用特定折现率计算有关年份净现金流量复利现值或年金现值的方法，在中长期房地产评估中应用广泛。

传统方法即静态方法，它以估价时的房地产市场状况为依据，不考虑各项支出、收入发生的时间不同，视为静止在估价作业期的数值，不需要统一到同一个时间点上，只要对其直接相加减，这与成本法的计算一样，资金时间价值的处理方式是通过计算投资利息和开发利润来实现的。所以，只有在传统方法中，才会单独计算投资利息和开发利润。运用此种方法的关键在于计息期的确定，不同的计息项目其计息期是不同的，通常计息期到开发经营期的终点，既不考虑预售也不考虑推迟销售。

（二）现金流量折现法和传统方法的区别

现金流量折现法与传统方法主要有下列三大区别。

（1）对开发完成后的房地产价值、后续开发成本、管理费用、销售费用、销售税费等的测算，在传统方法中主要是根据价值时点（通常为现在）的房地产市场状况做出的，即它们基本上是静止在价值时点的金额。而在现金流量折现法中，是模拟房地产开发过程，预测它们未来发生的时间以及在未来发生时的金额，即要进行现金流量预测。

（2）传统方法不考虑各项收入、支出发生的时间不同，即不是将它们折算到同一时间上的价值，而是直接相加减，但要计算投资利息，计息期通常到开发完成时止，即既不考虑预售，也不考虑延迟销售；而现金流量折现法要考虑各项收入、支出发生的时间不同，即首先要将它们折算到同一时间上的价值（直接或最终折算到价值时点），然后再相加减。

（3）在传统方法中投资利息和开发利润都单独显现出来，在现金流量折现法中这两项都不独立显现出来，而是隐含在折现过程中。因此，现金流量折现法要求折现率既包含安全收益部分（通常的利率），又包含风险收益部分（利润率）。这样处理是为了与投资项目评估中的现金流量分析的口径一致，便于比较。

（三）现金流量折算法和传统方法的优缺点

从理论上讲，传统方式测算的结果比较粗略，但测算过程简单一些；现金流量折现方式测算的结果比较精确，但测算过程比较复杂。就它们的粗略与精确而言，在现实中可能不完全如此。这是因为现金流量折现方式从某种意义上讲要求"先知先觉"，具体需要做到以下三点：

（1）开发经营期究竟多长要估算准确；

（2）各项支出、收入在何时发生要估算准确；

（3）各项支出、收入在其发生时所发生的数额要估算准确。

由于存在很多未知因素和偶然因素，预测结果会偏离实际，准确地预测是十分困难的。尽管如此，在实际估价中应尽量采用现金流量折现法。在难以采用现金流量折现法的情况下，可以采用传统方法。

六、假设开发法的操作步骤

（一）调查并掌握待估房地产基本情况

调查待开发房地产的基本情况，目的是合理确定待开发房地产的最佳开发利用方式，为预测未来房地产开发价值及估算未来开发费用等奠定基础。调查的基本情况主要包括区位状况、实物状况、权益状况和市场状况。

1. 区位状况

调查区位状况主要是掌握估价对象房地产的位置，包括以下3个方面：

（1）所在城市的类型与功能，是大城市还是小城市、是国家级的经济中心还是区域性的经济中心，是工业城市、交通港口还是特殊功能城市等。

（2）估价对象在城市内部的区域性质，是商业区、工业区、住宅区还是综合区。

（3）估价对象的具体坐落位置，它的临街状况、交通便利条件、商业繁华程度等。这主要是为科学确定待开发房地产的最佳开发利用方式提供依据。

2. 实物状况

调查的实物状况的内容若是土地，包括面积、形状、地质条件、地形地貌及生熟程度等；若是房屋，包括面积大小、建造年代、结构状况、新旧程度等。

3. 权益状况

掌握土地权利性质，使用年限，交易有无限制等；土地使用权的再处置条件，对房地产建成后的房地产转让、抵押、出租等方面的有关规定等，以便在合法的权利状态下预测未来的楼价水平、租金等。这些资料一般从产权管理、交易管理等有关主管部门调查收集，主要为预测建成后的房地产的价值提供资料。

4. 市场状况

通过市场调研弄清土地状况和房地产状况。土地的市场状况包括阶段性土地政策（如以土地为要素的宏观经济调控）、土地供应计划、土地供应方式；各类房地产的供求状况、空置率、收益率等；近期拟开发的房地产类型、价格状况、档次、数量、交付时间等，并且能够对价格的长期趋势做出准确的判断。通过市场调研弄清楚房地产市场的宏观环境并对其发展趋势做相关分析，尤其要把握与估价对象房地产相关的市场信息，为确定待估对象的最佳开发利用方式提供科学、可靠的市场资料，为最后确定评估价提供参考。

（二）确定最佳开发利用方式

所谓最佳开发利用方式，是指待开发房地产开发完成后销售或经营时能获得最高收益的利用方式。选择最佳开发利用方式，应根据调查获得的房地产状况和房地产市场条件，在法律及城市规划所允许的范围内，确定待开发房地产的用途、规模和档次，其中最重要的是选择最佳用途。

最佳开发利用方式的选择，是在客观、合理价格评估中及投资商在竞投过程中重要的环节，是假设开发法运用成功的关键。

（三）估算开发经营期

开发经营期是指取得（假设）估价对象（待开发房地产）到未来开发完成后的房地产经营结束为止的这一段时间。开发经营包括开发期和经营期。开发期又称为建设期，起点与开发经营期的起点（获得估价对象）重合，终点是预计待开发房地产竣工的日期。开发期包括前期和建造期，前期的起点与前期的起点重合，终点是动工开发的日期，前期这段时间里主要是前期勘探、设计图纸等准备工作；建造期的起点与前期的终点（动工开发的日期）重合，终点与开发期的终点（预计待开发房地产竣工的日期）重合。

未来开发完成后房地产的经营使用方式,主要包括两种:一种是销售(包括预售);另一种是出租或营业。

销售期是从开始销售开发完成或未来开发完成的房地产到将其全部销售完毕的这段时间。运营期是从待开发房地产开发完成到开发完成后的房地产经济寿命这段时间。

开发经营期、开发期、经营期之间的关系如图4-8和图4-9所示。

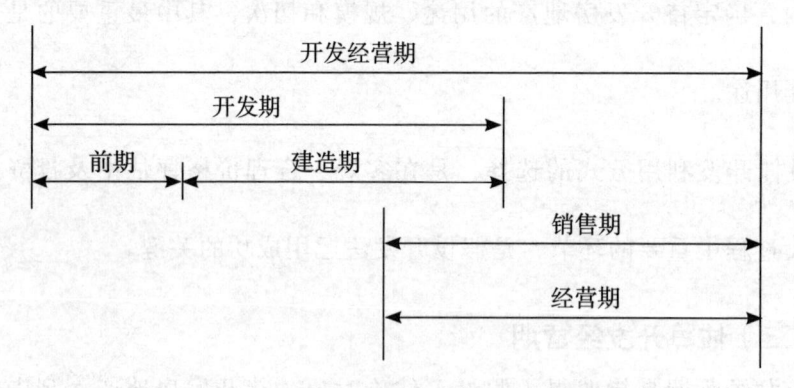

图4-7 开发完成后的房地产进行销售(含预售)

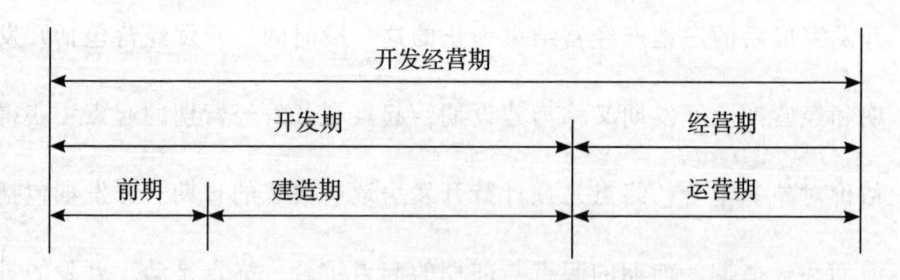

图4-8 开发完成后的房地产进行出租或营业

估计开发经营期的方法通常参考各地的工期定额指标,可采用类似于比较法的方法,即根据其他相同类型、同等规模的类似开发项目已有的正常开发经营期来估计确定。开发期一般能较准确地被估计,但现实中因某些特殊因素的影响，可能会引起开发期延长。如房屋拆迁中遇到"钉子户"会影响前期；如筹措资金不能及时到位、灾害性天气的干扰、某些建筑材料的临时短缺等会影响建设期；未来房地产的供求变化会影响租售期。因此，在估计房地产开发经营期时，宜在实际开发时间的基础上加上适当的延长时间。

（四）预测房地产开发完成后的市场价值

开发完成后的房地产价值是指开发完成时的房地产状况的市场价格，一般称为楼价。该市场价格所对应的日期，通常是开发经营期的终点，而不是开发经营期的起点，但是在市场较好时考虑预售和市场不好时考虑延期租售是例外。开发完成后的房地产价值，可通过两个途径取得。

1. 对于出售的房地产

对于出售的房地产，应按当时市场上同类用途、性质和结构的房地产的市场交易价格，采用比较法确定开发完成后的房地产总价格，并考虑类似房地产价格的未来变动趋势。或采用比较法与长期趋势法相结合，即根据类似房地产过去和现在的价格及其未来可能的变化趋势来推算。例如，假设现在是2019年10月，有一宗房地产开发用地，用途为商业，预计建设期为2年，如果要估计商业房地产在2021年

10月开发完成时的价值,则可以通过收集当地商业用途的房地产过去几年和现在的房地产的价格资料,从中找到房地产价格与时间的关系,预测商业房地产未来的变化趋势。

2. 对于出租和营业的房地产

对于出租和直接经营型的房地产,如写字楼、商店、旅馆等,此时选定的时间点是开始出租或营业的起点,可采用比较法结合长期趋势法来预测未来经营期可获得的净收益,然后结合收益法将净收益转换为价值。

(五)估算开发成本、管理费用、销售费用、销售税费

由于假设开发法可视为成本法的倒算法,所以在实际估价中测算开发成本、管理费用、销售费用、销售税费时,可根据当地的房地产价格构成情况分项测算,测算的方法也与成本法中的相同,不同的是需要预测。

例如,开发成本、管理费用可采用类似于比较法的方法来求取,即通过当地同类房地产开发项目当前大致的开发成本和管理费用来推算,如果预计建筑材料价格、建筑人工费等在未来可能有较大变化,还要考虑未来建筑材料价格、建筑人工费等的变化对开发成本和管理费用的影响。销售费用是指销售开发完成后的房地产所需的广告宣传、销售代理等费用。销售税费是指销售开发完成后的房地产应缴纳的税金及附加费,以及交易手续费等其他销售税费。销售费用和销售税费通常是按照开发完成后的房地产价值的一定比率来测算的。

(六)开发利润

测算开发利润的方法与成本法中的相同,通常是以一定基数乘以同一市场上类似房地产开发项目的相应平均利润率。在测算时要注意计算基数与利润率的对应。

投资回报利润率的计算基数一般为地价、开发费和专业费之和,销售利润率的计算基数一般为房地产售价。

第五节 其他估价方法

一、路线价法

(一)路线价法的基本原理

1. 路线价法的定义和理论依据

(1) 路线价法的定义

路线价法是依据路线价,配合深度指数表和其他修正率表,用数学方法计算出临接同一街道的其他宗地地价的一种估价方法。通过对面临特定街道、使用价值相等的城市土地设定标准深度,求取该深度上数宗土地的平均单价并附设于特定街道上,即得到该街道的路线价。

（2）路线价法的理论依据

路线价法是在各样点宗地价格的基础上分析宗地地价、影响地价与影响临街深度因素的关系，进而据此估算其他宗地地价的方法，与比较法类似。"路线价"是若干"标准临街宗地"的平均价格，可视为比较法中的"可比实例价格"。临接同一街道的各宗土地的单位地价，是以路线价为基准，考虑临街深度、宗地形状（如三角形、梯形、平行四边形等）、临街状态（如梯形地是窄的一边临街还是宽的一边临街，三角形地是一边临街还是一顶点临街，街角地，前后临街地等）、临街宽度等，做适当的修正求得。这些修正相当于比较法中的"房地产状况调整"。

在路线价法中不做"交易情况修正"和"交易日期修正"的原因是：

①路线价是标准宗地的平均价格，已是正常价格；

②路线价所对应的日期与欲求取的其他土地价格的日期一致，都是价值时点时的价格。

2. 路线价法的计算公式

路线价法的基本计算公式为

宗地总价 = 路线价 × 深度百分率 × 宗地面积 + 修正额

或

宗地总价 = 路线价 × 深度百分率 × 宗地面积 × 修正率

对于一般条件的宗地，若形状比较规则，其他因素对土地效用的影响很小，此时适用如下公式：

宗地总价 = 路线价 × 深度百分率 × 宗地面积

3. 路线价法的适用范围及条件

路线价法主要适用于商业繁华区域土地价格的估算，对道路系统完整、道路两旁地宗地排列整齐的区域和城市，效果更佳。一般的土地估价方法主要适用于单宗土地的估价，而且需要花费较长的时间，路线价法则被认为是一种快速、相对公平合理，能节省人力、财力，可以同时对大量土地进行估价的方法，特别适用于房地产税收、市地重划（城市土地整理）、城市房屋拆迁补偿或者其他需要在大范围内同时对大量土地进行的估价。路线价法估价的前提条件是街道系统完整，各宗土地排列整齐，还需要完善合理的深度指数表和其他修正率表。路线价法需要较多的交易实例，并且所在地区房地产市场比较规范，否则计算结果将会存在较大误差，从而影响土地价格评估的精度。路线价法的精度与路线价及其修正体系密切相关。路线价的估算是先设定标准深度，求得宗地平均单价，然后用深度指数表等途径进行修正，因此，它的估价精度取决于路线价和修正体系。

（二）路线价法的操作步骤

1. 划分路线价区段

一个路线价区段是指具有同一个路线价的区段，根据路线价估价法的基本原理，在划分路线价区段时，可及性大致相等的地段，应划为同一路线价区段。一般情况下，一条街道只设一个路线价，原则上，不同的街道，路线价也不同。但繁华街道有时需将一街道长度进行多段划分，附设不同的路线价。而某些不很繁华的地区，同一路线价区段也可延长至数条街道。另外，在同一街道上，若某一侧的繁华状况与对侧有显著差异，同一路线价区段也可划分为两种不同的路线价，这时在观念上应视为两个路线价区段。

2. 设定标准深度

从理论上讲，标准深度是街道对地价影响的转折点：由此接近街道的方向，地价受街道的影响而逐渐升高；由此远离街道的方向，地价可视为基本不变。但在实际估价中，设定的标准深度通常是路线价区段内临街各宗土地的临街深度的众数。

3. 选择标准宗地

标准宗地是路线价区段内具有代表性的宗地。选取标准宗地的具体要求是：一面临街；土地形状为矩形；临街深度为标准深度，临街宽度为标准宽度，且二者的比例适当；用途、容积率、土地使用年限、土地生熟程度等在路线价区段内应具有代表性。

4.确定路线价

使用路线价法进行估价的关键就是路线价的确定，路线价是设在街道上的若干标准宗地的平均价格。路线价的确定方法是先在同一路线价区段内选择若干标准宗地，用比较法、收益法等估价方法，分别求出它们的单位地价；然后再求取这些标准宗地单位地价的众数或中位数、简单算术平均数、加权算术平均数，即得该路线价区段的路线价。

路线价的设定必须先确定标准宗地面积。标准宗地的面积大小，因各国而异。美国为使面积单位计算更容易，把位于街区中间宽1英尺、深100英尺（1英尺=30.48cm）的细长形地块作为标准宗地。

以标准宗地的平均价格作为路线价的评定标准，即可评定同一地价区段内其他宗地的价格。路线价可以绝对值货币额表示，也可以相对数点数表示。采用点数表示有以下优点：

（1）点数容易换算成金额；

（2）点数不受币值变动的影响；

（3）点数容易直接估算估价前后的价值差；

（4）点数易求取地价上涨率。

而采用货币金额表示则较为直观，易于理解，在交易中便于参考，规定的路线价便于土地持有人及有关人士评判监督。

5.制定价格修正率表

价格修正率表包括深度价格修正率表和其他价格修正率表。

（1）深度价格修正率

①深度价格修正率及修正率表。深度价格修正率又称深度百分率、深度指数，是表示同一地块的各个部分由于其临街深度不同，而造成地价不同变化的相对程度。深度价格修正率表也叫深度百分率表或深度指数表。

②深度价格递减比率。深度价格递减比率是指临街土地中各部分的价值随远离街道而递减的规律，即距街道越深，可及性越差，价值也就越低。如将临街土地划分为许多与街道平行的细条，由于越接近街道的细条利用价值越大，越远离街道的细条利用价值越小，则接近街道的细条，其价格高于远离街道的细条。

③深度价格修正方法。欧美国家很早就将路线价法应用在课税上，用到的主要路线价法有"四三二一"法则、霍夫曼法则、苏慕斯法则、哈柏法则等，其中最简单且最容易理解的是"四三二一"法则。

（2）其他指数修正率

①宽度修正：对临街宽度不同，其地价是不相等的。由于临街店铺面的宽窄不一，商店对顾客的吸引力会有所差异，进而影响到商店营业额，所以在路线价估价中，必须考虑宽度修正。其计算方法是同一路线价区中进深相等的样本，考虑在不同宽度情况下反映在土地价格上的变动情况，最后确定宽度条件下的修正系数。

②宽深比率修正：通常，大型的商业建筑物，进深较大，地价会随着宗地深度的增加，土地价值逐渐降低；另外，由于商店大，铺面宽度宽，外观醒目，同样会增加对顾客的吸引力。因此，对大型商店单独采用宽度和深度修正，不符合实际，而且难以操作。因此，在估价中采用商店的宽度与深度的比率，即宽深比率系数来反映这种地价的修正情况。

③容积率修正：按照地价定义，路线价只是代表一定容积率水平下的地价，随着容积率的增加，地价一般会上升。因此，在同一区段内，抽查不同容积率水平下的平均地价，可得到容积率修正系数。

④出让、转让年期修正：土地出让是国家将一定年期内的土地使用权让与土地使用者，土地转让是土地使用者将土地使用权再转移的行为。可根据下述地价计算公式计算出宗地的出让、转让年限修正系数：

$$P = \frac{a}{r}\left[1 - \frac{1}{(1+r)^n}\right]$$

式中，

P——地价；

A——土地年净收益；

f——资本化率；

n——出让、出租或转让、转租年期。

⑤朝向修正：不论是住宅用地还是商业用地，其朝向对销售价格产生一定程度的影响。因此，从房屋售价中扣除成本后剩余的地价，也因朝向不同而有所差异，需进行地块环境条件影响修正。

⑥地价分配率修正：地价分配率是将土地单价（或平面地价）调整，分摊到各楼后的比率。一般来看，随着楼层数的增高，地价分配呈递减趋势，当趋于某一临界值后，地价分配又会呈现增加的势头。为了评估需要，必须制定一个统一的地价分配率以反映依据楼层高低，楼面地价在地块总价格中所占的比例。

二、长期趋势法

（一）长期趋势法的基本原理

1. 长期趋势法的定义

长期趋势法又称外推法、趋势法、时间序列法、历史延伸法等，是运用预测科学的有关理论和方法，特别是时间序列分析和回归分析，对一系列已知的房地产价格数据进行数据处理和分析，来判断、推测房地产未来价格的方法。简而言之，由已知推测未知、由过去和现在推测未来。

2. 长期趋势法的理论依据

从长期发展趋势来看，房地产价格会显现出一定的变动规律和发展趋势，但通常有上下波动，在短期内难以看出其变动规律和发展趋势。人们可以根据时间序列变动的规律进行外延或类推，来预测这些现象在下一时期可能达到的水平。

当需要评估（通常是预测）某宗（或某类）房地产的价格时，可以收集该宗（或该类）房地产过去较长时期的价格资料，并按照时间的先后顺序将其编排成时间序列，并找出该宗（或该类）房地产的价格随时间变化而变动的过程、方向、程度和趋势，然后进行外延或类推，评估出该宗（或该类）房地产的价格。

事物的现状是历史发展的结果，而未来又是现状的延伸，因此，根据房地产价格的历史数据，通过统计分析，可以判断该类房地产的目前价格或未来一定时期的价格，这就是长期趋势法的理论依据。

3. 长期趋势法的适用范围和条件

长期趋势法是根据房地产价格在长期形成的规律做出判断，借助历史统计资料和现实调查资料来推测未来，通过对这些资料的统计、分析得出一定的变动规律，并假定其过去形成的趋势在未来继续存在。

长期趋势法的适用范围是价格无明显季节波动的房地产，条件是拥有估价对象或类似房地产的较长时期的历史价格资料，而且所拥有的历史价格资料要真实。拥有越长时期、越真实的历史价格资料，做出的预测、判断就越准确、可靠，因为长期趋势可以消除房地产价格的短期上下波动和意外变动等不规则变动影响。

4. 长期趋势法的特点及优缺点

趋势法的特点体现在以下几个方面：

（1）估价结果带有预测性，仅作为其他估价方法的补充。趋势法一般在房地产估价中不宜单独运用，仅作为其他估价方法的补充和验证。

（2）根据时间序列排列的房地产价格存在多种形式的变动规律。以长期为出发点，按时间序列排列的房地产价格变化形式和规律是多样化的，有的具有规律性，如长期趋势变动、季节性变动和循环变动，有的则没有规律性。而且，即使是呈规律性变化的房地产价格，由于房地产的个别性及交易过程的单独性，往往呈现出明显的非规律性。

（3）长期趋势法撇开了价格变动的因果关系。房地产价格受众多因素的制约和作用，但是，长期趋势法对于这些因素与房地产价格之间的关系并不考虑，它只是根据房地产价格的历史数据预测、判断现在乃至未来的房地产价格。

长期趋势法的优点是：适用范围较广；估价结果完全由历史数据和长期趋势得出，比较客观；估价成本较低；所需资料较易获取。但缺点也很明显，该方法只考虑房地产价格的过去与未来的关系，撇开了价格变化的因果关系，估价结果带有预测性；在房地产市场不完善或缺乏较长期房地产价格历史资料的地区无法使用这种方法；该估价结果的准确程度取决于价格数据选取的时间。

（二）长期趋势法的操作步骤

运用长期趋势法估价一般分为4个步骤进行：

（1）收集估价对象或类似房地产的历史价格资料，并进行检查、鉴别，以保证其真实、可靠；

（2）整理上述收集到的历史价格资料，将其转化为同一标准（如为单价或楼面地价，与比较法中建立价格可比基础的方法相同），并按照时间的先后顺序将它们编排成时间序列，画出时间序列图；

（3）分析时间序列，根据其特征选择适当具体的长期趋势法，找出估价对象的价格随时间变化而出现的变动规律，得出一定的模式（或数学模型）；

（4）以此模式推测、判断估价对象在价值时点的价格。

（三）长期趋势法的基本方法

1. 数学曲线拟合法

数学曲线拟合法是根据房地产价格的时间序列资料，视价格为时间的函数，运用最小平方法求得变动趋势线，并使其延伸来评估房地产价格的估价方法，主要有直线趋势法、指数曲线趋势法、二次抛物线趋势法。这里仅对其中最简单、最常用的直线趋势法做介绍。

运用直线趋势法评估房地产价格的基本公式为

$$y=a+bx$$

式中，

y——各期的房地产价格，为因变量，y 随 x 而变；

x——时间，为自变量；

a，b——未知参数，确定了它们的值，直线的位置也就确定了，通常通过最小平方法来确定。

运用直线趋势法评估房地产价格的关键是 a、b 值的确定。根据最小平方法求得 a、b 值分别为

$$a = \frac{\sum y - b\sum x}{n}, \quad b = \frac{n\sum xy - \sum x \sum y}{n\sum x^2 - (\sum x)^2}$$

当 $\sum x = 0$ 时

$$a = \frac{\sum y}{n}, \quad b = \frac{\sum xy}{\sum x^2}$$

式中

n——时间序列的项数。

为方便计算，可以使 $\sum x = 0$，即当时间序列的项数是奇数时，设中间项的 $x=0$，中间项之前的依次设为 -1、-2、-3、…。中间项之后的项依次设为 1、2、3、…；当时间序列的项数是偶数时，以中间两项对称，前面的项依次设为 -1、-3、-5、…，后面的项依次设为 1、3、5、…。

2. 平均增减量法

如果房地产价格时间序列的逐期增减量大致相同，可以采用平均增减量法预测。其计算公式如下：

$$V_i = P_0 + d \times i$$

$$d = \frac{(P_1-P_0)+(P_2-P_1)+\cdots+(P_i-P_{i-1})+\cdots+(P_n-P_{n-1})}{n} = \frac{P_n - P_0}{n}$$

式中

V_i——第 i 期（可为年、半年、季、月等）房地产价格的趋势值；

i——时期序数，i=1，2，…，n；

P_0——基期房地产价格的实际值；

d——逐期增减量的平均数；

P_i——第 f 期房地产价格的实际值。

运用逐年上涨额的平均数计算趋势值，基本都接近于实际值。但需要注意的是，如果逐期上涨额时起时伏，很不均匀，也就是说时间序列的变动幅度较大，那么计算出的趋势值与实际值的偏离也随之增大，这意味着运用这种方法评估出的房地产价格的正确性随之降低。

运用平均增减量法进行估价的条件是，房地产价格的变动过程是持续上升或下降的，且各期上升或下降的数额大致接近，否则就不适宜采用这种方法。

由于越接近价值时点的增减量对估价影响越大，所以，对过去各期的增减量如能用不同的权数予以加权后再计算其平均增减量，则能使评估价值更符合或接近实际。至于在估价时究竟应采用哪种权数予以加权，通常情况下需要根据房地产价格的变动过程和趋势，以及估价人员的经验来判断确定。

3. 平均发展速度法

平均发展速度法又称几何平均法。它是根据房地产价格的平均发展速度，计算各期的趋势值，并以此作为待估房地产的价格。运用平均发展速度法进行估价的条件是房地产价格有明显的长期增减趋势，即变动过程是持续上升或下降的，且各项上升或下降的幅度大致接近。

计算公式如下：

$$V_i = P_0 + d \times t^i$$

$$t = \left(\frac{P_1}{P_0} \times \frac{P_2}{P_1} \times \frac{P_3}{P_2} \times \cdots \times \frac{P_i}{P_{i-1}} \times \cdots \times \frac{P_n}{P_{n-1}} \right)^{\frac{1}{n}}$$

$$= \left(\frac{P_n}{P_0} \right)^{\frac{1}{n}}$$

$$= \sqrt[n]{\frac{P_n}{P_0}}$$

式中，

t——平均发展速度；

V_i——第 i 期（可为年、半年、季、月等）房地产价格的趋势值；

i——时期序数，i=1，2，…，n；

P_0——基期房地产价格的实际值；

P_i——第 i 期房地产价格的实际值。

4.移动平均法

移动平均法是对原有价格按时间序列进行修移,即采用逐项递移的方法,分别计算一系列移动的每个跨越期的时序价格平均数,形成一个新的派生平均价格的时间序列,用以消除价格短期波动的影响,显示出价格变动的基本发展趋势。

移动平均法的基本思路是将各期的房地产价格按照时间序列排列顺序,随着时间的推移,每个跨越期包含的房地产价格也应向前移动,并逐一求取每个跨越期的价格移动平均数,并将接近估价日期的最后一个移动平均数作为确定估价值的依据。也就是说,移动平均法是根据房地产价格的时间序列的移动平均数进行估价。

估价结果的准确性既取决于移动跨越期的长短,又取决于房地产价格资料的翔实程度和估价要求。在实际运用中,移动平均法有简单移动平均法和加权移动平均法之分。

(1)简单移动平均法

简单移动平均法也叫算术移动平均法,它类似于算术平均法,是在对房地产进行估价时,采用移动期的平均数,每次取一定数量的时间序列数据平均,逐次推进,而每次推进一个周期时,舍去上段前一个周期的数据,增加新一个周期的数据,再行平均,依次不断推进,以这种平均值作为下一周期的预测值。简单移动平均法有一次移动平均和二次移动平均等形式。在这里只介绍一次移动平均法。

一次移动平均法类似于算术平均法，只不过它是移动期的平均数。移动平均数的计算公式为

$$MAP_t^{(1)} = \frac{P_i + P_{i-1} + P_{i-2} + \cdots + P_{i-n+1}}{n}$$

式中，

i——时间序列中的序数，i=1，2，…n；

n——每一移动平均数的跨越期，一般为奇数；

t——跨越期包含的项数中中间的序数 i；

P_i——在时间序列中第 i 期的价格；

$MAP_t^{(1)}$——跨越期内中间序数为 t 的一次移动平均数。

简单移动平均法操作要点如下：

1）简单移动平均法的操作程序为：计算移动平均值—计算各期的趋势变动值—将有关数值代入估价公式求取房地产价格。

2）在具体计算房地产价格时，如果每月的趋势变动不大，呈现比较平衡的趋势，就可考虑采用最后一年的趋势变动值；如果各期之间的趋势变动值差别较大，就必须将趋势平均值再进行一次移动平均，计算出趋势变动值，然后将有关数值代入估价公式求取房地产价格。

3）房地产价格经过移动平均后，消除了季节性变动和偶然变动的影响，采用的移动期越长，其平稳趋势越明显，估价结果偏高程度也较明显，必须根据实际情况适当加以修正。

（2）加权移动平均法

加权移动平均法是将价值时点前每若干时期的房地产价格的实际值经过加权之后，再采用类似简单移动平均法的方法进行趋势估计。这是由于越接近价值时点的增减量对估价越为重要，加权后能使估价更符合实际。

对于与估价日期间隔不同期限的房地产估价赋予不同的权数，同样是基于近期价格对估价额影响较大，远期价格对估价额影响较小的理由。加权移动平均法计算移动平均数的公式为：

$$WAP_t = \frac{W_i P_t + W_{i-1} P_{t-1} + \cdots + W_{i-n+1} P_{t-n+1}}{\sum W_i}$$

式中，

WAP_t——跨越期内中间序数为 t 的加权移动平均数；

W_i——各期的相应权数。

其他字母的含义同简单移动平均法。

以 3 个月为跨越期，由远而近各期的权数为 1、2、3，则

$$WAP_2 = \frac{3P_3 + 2P_2 + 1P_1}{3+2+1}$$

5. 指数修匀法

指数修匀法又叫指数平滑法，是以本期房地产价格的实际值和本期的预测值为根据，经过修匀平滑之后作为下期，即估价日期房地产的估价值的一种方法，计算公式为：

$$V_i+1 = V_i + a(P_i - V_i) = aP_i + (1-a)V_i$$

式中，

V_{i+1}——第 i+1 期（下一期）的预测值；

V_i——第 i 期（本期）的预测值；

P_i——第 i 期（本期）的实际值；

α——修匀系数，$0 \leq \alpha \leq 1$

需要特殊说明的是，V_1 为第一期的预测值，但因无第一期以前的数据，故一般以第一期的实际值为预测值。还有另外一种情况，用第二期的实际值作为第一期的预测值。

确定修匀系数是指数修匀法的关键，修匀系数 α 的确定原则，需要根据指数修匀法即估价额的不同要求进行相应的取值。其方法为：

（1）一般房地产价格时间序列较平稳，数据波动较小时，α 取值可小一些（一般为 0.1~0.4），这样可以增大远期数据的权数和作用，充分利用历史数据的信息；

（2）若时间序列数据起伏波动比较大，则 α 应取较大的值（一般为 0.6~0.9），这样可以加大近期数据的权数和作用；

（3）若房地产价格时间序列变动为接近稳定的常数，则 α 取中间值（一般为 0.4~0.6）。

在实际工作中，估价人员可通过试算来确定 α 的值，即对同一个不动产价格用不同的 α 值进行试算，取指数平滑值与实际价格的绝对误差最小的 α 值，作为所需的平滑系数。

参考文献

[1] 傅玳. 房地产估价方法与操作实务 [M]. 武汉：华中科技大学出版社，2023：2.

[2] 蒋苏建，金锡万. 房地产估价理论与实务 [M]. 北京：北京邮电大学出版社，2015：5.

[3] 廖俊平. 房地产经纪行业研究 [M]. 广州：中山大学出版社，2019：4.

[4] 马光红. 房地产估价理论与方法 [M]. 上海：上海大学出版社，2016：8.

[5] 宋春兰. 房地产估价：第2版 [M]. 北京：机械工业出版社，2017：11.

[6] 覃芳. 房地产估价 [M]. 北京：北京理工大学出版社，2021：10.

[7] 王玲，王炳华. 房地产估价实务 [M]. 北京：中国书籍出版社，2015：4.

[8] 吴步昶. 房地产估价案例精选评析 [M]. 杭州：浙江大学出版社，2019：4.

[9] 张红日. 房地产估价 [M]. 北京：清华大学出版社，2016：9.

[10] 赵小虹，赵财富. 房地产估价 [M]. 上海：同济大学出版社，2014：7.

编者后记

本书主要分析了房地产估价理论与方法，论述了房地产及房地产估价、房地产价格等内容，可以为相关的读者朋友提供参考。此外，书中涉及的法律、法规、行业规定用于学术研究，是作者的学术观点的理论支撑。